Hauskauf

Rasen
Mülltonnen
Waschr

Herbert E. Große

Hauskauf

Erwerb · Finanzen und Steuern · Fördermittel

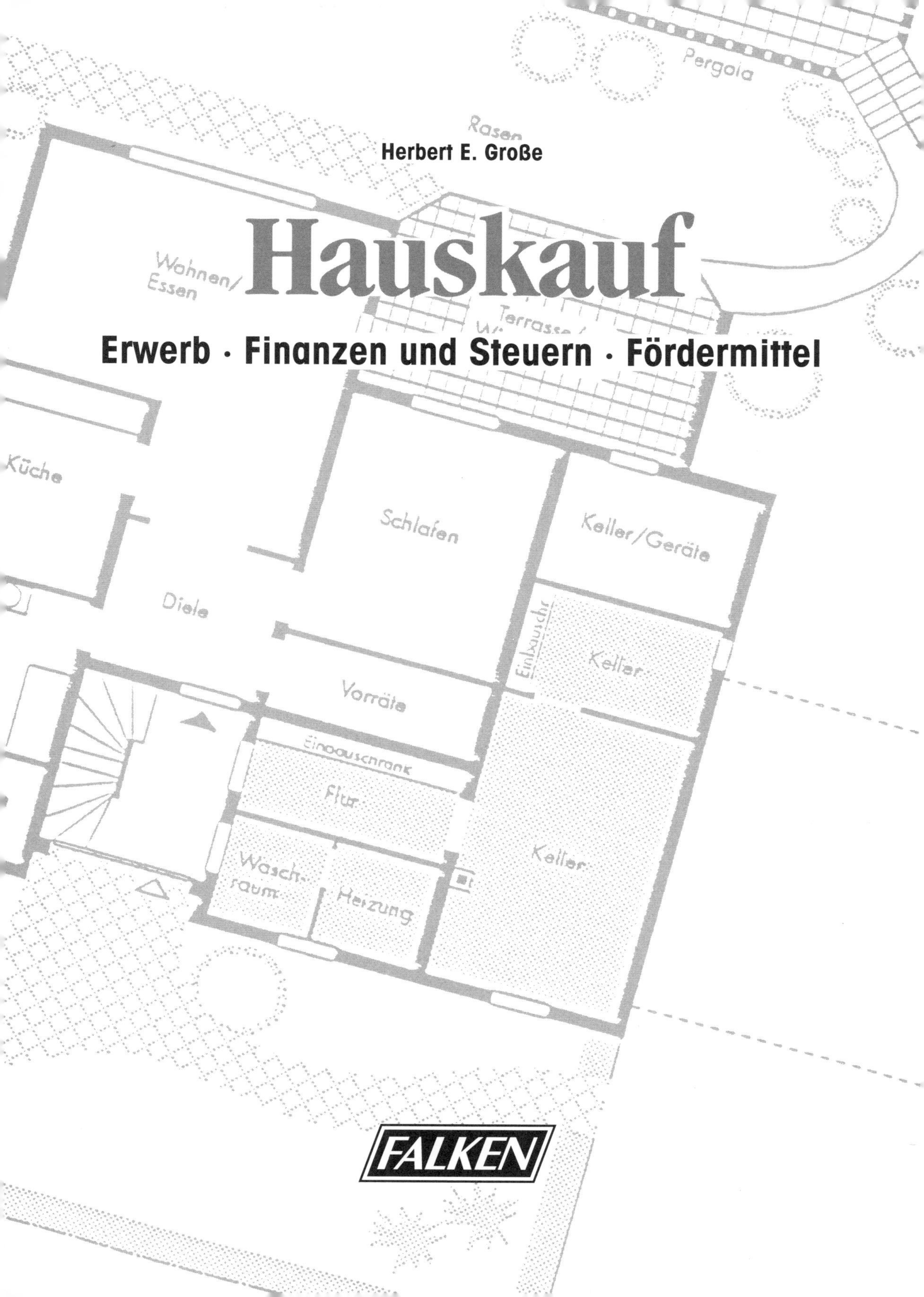

FALKEN

Zum gleichen Thema sind im FALKEN Verlag bereits erschienen:

Der FALKEN Bauherren-Ratgeber (3-8068-4888-2)
Check Up Hauskauf (3-8068-1781-2)

Dieses Buch wurde auf chlorfrei gebleichtem
und säurefreiem Papier gedruckt.

Der Text dieses Buches entspricht den Regeln
der neuen deutschen Rechtschreibung.

ISBN 3 8068 1892 4

Umschlaggestaltung: Peter Udo Pinzer
Titelbild: Schwörer-Haus
Schmuckvignetten: Hans-Christian Sanladerer, Leipzig
Formulare: Die Wiedergabe der Formulare auf den Seiten 138–145, 148–159 und 162–165 erfolgt mit freundlicher Genehmigung des DG-Verlags Wiesbaden.
Layout: Horst Bachmann
Redaktion: Thomas Wieke

Satz: Raasch & Partner GmbH, Neu-Isenburg
Druck: Konkordia Druck GmbH, Bühl/Baden

817 2535 4453 62

Inhalt

Wenn sich die Parteien geeinigt haben, hat der Verkäufer die Pflicht, den Kaufgegenstand dem Käufer zu übergeben und zu übereignen. Der Käufer hat die Pflicht, den Kaufgegenstand abzunehmen und den Kaufpreis zu zahlen.

Bei einem Grundstückskaufvertrag kommt im Prinzip lediglich hinzu, dass der Kaufvertrag als solcher notariell beurkundet werden muss. Der formelle Eigentumsübergang des Grundstückes erfolgt durch Eintragung im Grundbuch.

Nun könnten Sie zu Recht sagen, wenn das alles so einfach ist, wo ist dann das Problem?

Das Problem liegt ganz einfach darin, dass im Laufe der Zeit die Juristen, die Banker und die Politiker es geschafft haben, diese doch recht einfache Angelegenheit so kompliziert zu gestalten, dass nur noch Fachleute – und selbst die nur mit Mühe – „durchblicken“.

Bevor Sie sich nun intensiv mit dem Grundstückskaufvertrag beschäftigen, müssen zum besseren Verständnis noch einige Begriffe geklärt werden.

Zunächst einmal ist es ganz wichtig, zwischen einem Eigentümer und einem Besitzer zu unterscheiden. Für jeden Juristen ist es völlig klar, dass zwischen einem Eigentümer und einem Besitzer ein ganz gewaltiger Unterschied besteht. Der juristische Laie hingegen macht zwischen beiden kaum Unterschiede. Sieht man von der für den Nichtjuristen schwer zu durchschauenden Rechtsform des mittelbaren Besitzes (§§ 868 ff. BGB) in diesem Zusammenhang einmal ab, besteht der wesentliche Unterschied zwischen Eigentümer und Besitzer in Folgendem:

Der Eigentümer

Ein **Eigentümer** hat das umfassende Recht, mit einer Sache in tatsächlicher und rechtlicher Hinsicht nach Belieben zu verfahren, sofern dem nicht das Gesetz oder Rechte Dritter entgegenstehen. So bestimmt es unser BGB in § 903.

Einleitung

Der Traum von den eigenen vier Wänden

Wer von den eigenen vier Wänden träumt, macht sich sicherlich noch keine Gedanken über die Probleme, die eventuell einmal auf ihn zukommen werden. Wenn allerdings der Traum zu Ende geträumt ist und die Entscheidung feststeht, dass ein Haus gekauft wird, fangen meist schon die ersten Probleme an.

Dieser Ratgeber will Ihnen alle wichtigen Probleme aufzeigen und Sie für die Lösung dieser Probleme vorbereiten.

Es gibt eine alte Binsenweisheit: „Der Kauf eines Einfamilienhauses ist kaufmännischer Unsinn“. An einem kleinen Rechenbeispiel wird das schnell deutlich. Bei einer Monatsmiete von 1.650,00 DM zahlt ein Mieter in 25 Jahren rund 500.000,00 DM an Miete. Wer sich ein Haus für 500.000,00 DM kauft und dieses bei der Bank voll finanzieren muss, zahlt in 25 Jahren bei einer guten Finanzierung immerhin noch rund 1 Million DM an die Bank zurück. Die monatliche Belastung betrüge in diesem Falle 3.750,00 DM.

Aber von solchen Rechenbeispielen wollen und sollen Sie sich ja nicht abhalten lassen, trotzdem das eigene Haus zu erwerben. Die Lebensqualität, die ein eigenes Haus mit sich bringt, ist schließlich nicht mit Geld aufzuwiegen.

Das Rechenbeispiel zeigt aber andererseits, dass man bei einem Hauskauf nicht genug aufpassen und vorbereitet sein kann.

Deshalb erfahren Sie in diesem Ratgeber, wie man ein „Haus“ kauft und was man bei Vertragsschluss, der Finanzierung und zur Ausschöpfung der Fördermittel beachten muss.

Haus und Hof –

Der Erwerb des Grundstücks

Das Haus – wesentlicher Bestandteil des Grundstücks

Aus juristischer Sicht ist es so gut wie unmöglich, nur ein Haus zu kaufen. Dies wäre nur denkbar, wenn dieses Haus in irgendeiner Form ein beweglicher Gegenstand wäre; also z. B. ein Haus auf Rädern. Wo aber gibt es Häuser auf Rädern? In Amerika natürlich schon; aber über den Immobilienerwerb in den USA wird in diesem Buch nicht gehandelt. Sie wollen ja schließlich keinen Wohnwagen, sondern ein Haus kaufen. Das liegt daran, dass Juristen unter einem Haus einen wesentlichen Bestandteil eines Grundstückes verstehen. Bei wesentlichen Bestandteilen handelt es sich um solche Bestandteile einer Sache, die voneinander nicht ohne Beschädigung oder Wesensveränderung getrennt werden können. So sagt es der § 93 des Bürgerlichen Gesetzbuches (BGB).

Auf den ersten Blick mag dies alles „kleinkariert" erscheinen. Die ganz entscheidende rechtliche Bedeutung liegt aber darin, dass wesentliche Bestandteile nicht Gegenstand besonderer Rechte sein können. Insbesondere können wesentliche Bestandteile nicht Gegenstand dinglicher Rechte sein. Damit soll nach unserer deutschen Rechtsordnung verhindert werden, dass der wirtschaftliche Wert einer Sache zerstört wird. Ganz einfach ausgedrückt bedeutet dies, dass man nicht ein Haus mit einer Hypothek oder Grundschuld belasten kann, sondern stets das Grundstück mit diesen dinglichen Rechten belastet wird.

Der oberflächliche Betrachter wird dies alles als spitzfindig und typisch juristisch empfinden. Als „Hauskäufer" müssen Sie aber wissen, dass Sie niemals das Haus, sondern das Grundstück, auf dem ein Haus steht, kaufen bzw. erwerben. Im Grundbuch sind Sie nämlich nicht als Eigentümer des Hauses, sondern als Eigentümer des Grundstückes eingetragen.

Auch wenn Ihnen das im Moment noch als trockene Theorie erscheint, sollten Sie sich diese ganz wichtige Unterscheidung merken. Je intensiver Sie sich mit der Problematik des „Hauskaufes“ beschäftigen, desto deutlicher wird Ihnen die Wichtigkeit dieser Unterscheidung werden.

Weil Sie gerade dabei sind, gleich noch etwas Theorie im Zusammenhang mit den wesentlichen Bestandteilen einer Sache.

Zu den wesentlichen Bestandteilen eines Grundstücks gehören die mit dem Grund und Boden fest verbundenen Sachen, also insbesondere die Gebäude. Wesentliche Bestandteile eines Gebäudes sind nach § 94 BGB die zu seiner Herstellung eingefügten Sachen, wie z. B. die Fenster, Türen oder die Heizungsanlage. Wird ein Grundstück verkauft, so sind die wesentlichen Bestandteile automatisch mitverkauft, ohne dass es einer besonderen Vereinbarung zwischen dem Käufer und dem Verkäufer bedarf. Die wesentlichen Bestandteile eines Grundstückes haften natürlich bei der Belastung des Grundstückes mit. Es liegt auf der Hand, dass ein unbebautes Grundstück in einem reinen Wohngebiet weniger wert ist als ein mit einem Gebäude bebauten Grundstück.

Die Arten des Grundstückserwerbs

Wer also in den eigenen vier Wänden wohnen will, muss zunächst einmal Eigentümer des Grundstückes werden.

Die wohl angenehmste Art, zu Eigentum zu kommen, ist zweifelsohne der Erwerb durch Schenkung. Wer aber bekommt schon ein Grundstück mit Haus geschenkt? Die häufigste Erwerbsart eines Grundstückes ist die des Kaufes. Darüber hinaus ist aber auch der Erwerb durch eine Zwangsversteigerung oder der Erwerb durch Erbfolge denkbar.

Der Erwerb eines Grundstückes durch Kaufvertrag

Ein Grundstückskaufvertrag ist im Prinzip lediglich eine spezielle Art eines Kaufvertrages. Die Besonderheit liegt insbesondere darin, dass ein Grundstückskaufvertrag stets notariell beurkundet werden muss (§ 313 BGB).

Bei jedem Kaufvertrag muss es einen Verkäufer und einen Käufer geben. Wie es die Bezeichnungen schon ausdrücken, will der Verkäufer etwas verkaufen und der Käufer etwas kaufen. Wenn sich also der Verkäufer und der Käufer über den Kaufgegenstand und den Kaufpreis einig sind, ist im Prinzip schon der Kaufvertrag zustande gekommen.

In unserem Bürgerlichen Gesetzbuch (BGB) hat der Gesetzgeber dann lediglich in den §§ 433 ff. geregelt, wie der Kaufvertrag abgewickelt wird und welche Pflichten und Rechte die einzelnen Vertragsparteien haben. Das ist beim Grundstückskaufvertrag nicht anders als beim Kauf eines Brötchens beim Bäcker.

Der Besitzer

Der **Besitzer** hingegen übt lediglich die tatsächliche Herrschaft über eine Sache aus. Anders als beim Eigentum ist dem Besitzer die Sache nicht rechtlich zugeordnet. Gibt er die tatsächliche Gewalt über die Sache auf, wird damit auch der Besitz beendigt. Nachzulesen in dem §§ 854 ff. des BGB.

Wenn man sich mit einem Grundstückskaufvertrag beschäftigt, sind auch noch die Begriffe Grundbuch und Notar zu definieren.

Das Grundbuch

Grundbücher werden bei den Amtsgerichten geführt. Eine Ausnahme bildet Baden-Württemberg. Dort werden die Grundbücher von Bezirksnotariaten geführt. Im Grundbuch sind die Grundstücke unter einer Blattbezeichnung eingetragen. Das Grundbuch dient im Interesse des Rechtsverkehrs der Offenlegung der Rechtsverhältnisse an einem Grundstück. Dabei werden nicht nur die Eigentümer, sondern auch die Belastungen eines Grundstücks registriert. Wer ein berechtigtes Interesse nachweist, kann das Grundbuch einsehen (§ 12 GBO). Ist in einem Grundbuch für jemanden ein Recht eingetragen, so wird vermutet, dass ihm das Recht auch wirklich zusteht (§ 891 BGB). Ebenso gilt die „gesetzliche Vermutung“, dass es nicht mehr besteht, wenn ein eingetragenes Recht im Grundbuch gelöscht ist. Das Grundbuch besitzt also einen öffentlichen Glauben. Das Grundbuch gilt zugunsten desjenigen, der ein Grundstück oder ein Recht an einem Grundstück erwirbt, als richtig (§ 892 BGB). Dabei kann eine Grundbuchberichtigung nur mit Zustimmung desjenigen erfolgen, dessen eingetragenes Recht durch die Berichtigung betroffen wird (§ 894 BGB).

Der Notar

Ein **Notar** ist als Rechtspflegeorgan ein unabhängiger Träger eines öffentlichen Amtes (§ 1 Bundesnotarordnung). Der Notar muss wie ein Rechtsanwalt die Befähigung zum Richteramt haben. In manchen Bundesländern gibt es die hauptberuflichen

Notare. Anwaltsnotare sind Rechtsanwälte und Notare zugleich. In jedem Fall muss aber der Notar von der für ihn zuständigen Landesjustizverwaltung zugelassen sein. Er ist bei seiner Amtsausübung nicht Vertreter einer Partei sondern unparteiischer Betreuer der Beteiligten. Für seine Tätigkeit erhält der Notar Gebühren und Auslagen, die sich am Geschäftswert ausrichten. Der Notar unterliegt, wie auch der Rechtsanwalt, einer Schweigepflicht.

Die Vertragsparteien

Wie oben bereits erwähnt, muss es bei einem Kaufvertrag immer zwei Vertragsparteien geben, nämlich den Verkäufer und den Käufer.

Der Verkäufer

Verkäufer kann im Prinzip nur der Eigentümer eines Grundstücks sein. Selbst wenn sich der Eigentümer des Grundstückes bei den Vertragsverhandlungen vertreten lässt – z. B. durch einen Bevollmächtigten – so bleibt doch immer der Eigentümer selbst die Vertragspartei, nämlich der Verkäufer. Um es ganz kurz und bündig auszudrücken, ist Eigentümer eines Grundstückes derjenige, der im Grundbuch als solcher eingetragen ist. Die Eintragung des Eigentümers im Grundbuch erfolgt in der Ersten Abteilung des Grundbuchblattes. Dieses Blatt ist im Original an der rosa Farbgebung leicht zu erkennen und enthält alle wichtigen Angaben über den Eigentümer (vgl. das abgebildete Muster auf S. 92 f.).

Grundsätzlich kann man also sagen, dass nach deutschem Recht nur derjenige wirksam ein Grundstück verkaufen kann, der im Grundbuch als Eigentümer eingetragen ist. Das liegt insbesondere daran, dass wir in Deutschland nicht nur ein brillantes Bürgerliches Gesetzbuch (BGB), sondern ein ebenso gutes Grundbuchverfahrensrecht haben. In anderen EG-Staaten (z. B. in Frankreich) gibt es keine Grundbücher. In Deutschland trifft dagegen § 891 BGB die Feststellung, dass gesetzlich vermutet wird, alles was im Grundbuch stehe, sei auch richtig. Ist jemand in Deutschland als Eigentümer eines Grundstückes im Grundbuch eingetragen, so wird also gesetzlich vermutet, dass er auch der wahre Eigentümer des Grundstückes ist.

Nach § 892 BGB ist sogar ein gutgläubiger Erwerb möglich, eben weil der Gesetzgeber davon ausgeht, dass die Eintragungen im Grundbuch richtig sind. Der Käufer eines Grundstückes kann also auf den öffentlichen Glauben des Grundbuches vertrauen. Dies gilt natürlich dann nicht, wenn dem Käufer positiv bekannt ist, dass der eingetragene Eigentümer tatsächlich gar nicht der Eigentümer des Grundstückes ist. Diese Fälle werden jedoch mehr als selten sein.

Häufiger dagegen kommt es in der Praxis vor, dass der Eigentümer gewechselt hat, ohne das dies im Grundbuch eingetragen worden ist. Besonders häufig ist dies der Fall, wenn der Eigentümer verstorben ist und die Erben das Grundstück verkaufen wollen, ohne vorher im Grundbuch eingetragen worden zu sein.

Denkbar ist auch, dass eine Personengesellschaft Eigentümer des Grundstückes ist und dass die Gesellschafter gewechselt haben.

Besondere Umstände sind in den neuen Bundesländern in Rechnung zu stellen. Da die politische Führung der DDR kein intaktes Verhältnis zum individuellen Eigentum hatte – namentlich im Grundstücksrecht hatten sich Formen der Nutzung (zum Beispiel in Form der sogenannten Rechtsträgerschaft) und Veräußerung (viele DDR-Bürger haben Häuser gekauft oder gebaut, ohne das Grundstück erwerben zu können, auf dem die Häuser standen) entwickelt, die mit dem Bürgerlichen Gesetzbuch nicht in Übereinstimmung standen –, waren die Behörden im Führen der Grundbücher überaus nachlässig. Dafür haben sie – in der Zeit zwischen der politischen Wende 1989 und der Wiedervereinigung 1990 – eine besondere Eilfertigkeit an den Tag gelegt, Verkäufe und Eigentumsübertragungen – namentlich an ehemalige Funktionäre – auch in den Grundbüchern zu erfassen. Da über das Gebiet der ehemaligen DDR mehrere Enteignungswellen hinweggegangen waren, die juristisch allesamt nicht aufgearbeitet wurden, nimmt es nicht Wunder, dass für einzelne Grundstücke gleich mehrere Restitutionsansprüche geltend gemacht wurden. Die Unsicherheiten der Rechtslage – bis heute kämpfen die Erben der Grundstückseigentümer, die für die Errichtung des Todesstreifens in Berlin und an der innerdeutschen Grenze von Haus und Hof vertrieben wurden, um die Rückgabe ihres Eigentums – hinderten nicht nur viele Investoren am Grundstückserwerb und an der Erhaltung wertvoller Bausubstanz, sie verlangen bis heute vom Erwerber eine möglichst genaue kritische Prüfung der „Vorgeschichte" eines Grundbucheintrags.

Tipp: Wenn die Verhandlungen bzgl. eines Grundstückes in eine ernste Phase treten, tut der Käufer gut daran, zunächst einmal Einsicht in das Grundbuch zu nehmen.
Gemäß § 12 GBO hat jeder ein Einsichtsrecht in das Grundbuch, der ein berechtigtes Interesse darlegen kann.

Bei dem im Grundbuch eingetragenen Eigentümer muss es sich nicht immer nur um eine geschäftsfähige natürliche Einzelperson handeln. Das Grundbuch gibt insoweit Aufschluss über die Person des Eigentümers. So sind in aller Regel Eheleute zur ideellen Hälfte als Miteigentümer eingetragen. Ist eine Erbengemeinschaft als Eigentümer eingetragen, so ist aus dem Grundbuch auch ersichtlich, wie hoch die Eigentumsanteile der einzelnen Erben sind. Handelt es sich bei der Eigentümerin um eine Personengesellschaft, so gibt das Grundbuch Auskunft darüber, welche Personen als Gesellschafter Miteigentümer mit welchem Anteil sind.

Letztlich kann aber auch ein Geschäftsunfähiger oder beschränkt Geschäftsfähiger Eigentümer eines Grundstücks sein. So ist es denkbar, dass Kleinkinder bereits durch Erbfolge Eigentümer eines Grundstücks geworden sind. In diesen Fällen kann natürlich nicht der Käufer mit dem Kleinkind wirksam einen Grundstückskaufvertrag schließen.

Geschäftsunfähige oder in der Geschäftsfähigkeit beschränkte Personen müssen also vom Inhaber des Sorgerechts, dem Vormund oder einem Betreuer vertreten werden. In diesen Fällen ist es wichtig zu wissen, dass in jedem Fall das Vormundschaftsgericht den Verkauf des Grundstücks genehmigen muss.

Lässt sich ein Grundstückseigentümer bei den Vertragsverhandlungen vertreten, so muss aus grundbuchrechtlicher Sicht der Vertreter seine Vertretungsmacht durch eine notariell beglaubigte Vollmacht oder eine notariell beglaubigte Genehmigung nachweisen (§ 29 GBO).

Ist Grundstückseigentümer eine Gesellschaft oder z. B. eine Genossenschaft, so ergibt sich die Vertretungsbefugnis aus dem Handels- bzw. Genossenschaftsregister. Der Vertreter einer solchen Gesellschaft muss dann bei den Verkaufsverhandlungen einen beglaubigten Registerauszug vorlegen.

Tipp: Wird der Eigentümer bei den Vertragsverhandlungen vertreten, so empfiehlt es sich, auf einen aktuellen Registerauszug bzw. auf eine aktuelle Vollmacht zu achten. Auf keinen Fall sollte der Nachweis für den Vertreter älter als 3 Monate sein. Bei Abschluss des notariellen Vertrages achtet der Notar von Amts wegen auf eine wirksame Vertretung.

Der Käufer

Als **Käufer** eines Grundstückes muss man spätestens bei Unterzeichnung des notariellen Kaufvertrages voll geschäftsfähig sein. Ist dies nicht der Fall, muss sich der Käufer – wie auch der Verkäufer – wirksam vertreten lassen. Will ein Minderjähriger ein Grundstück kaufen, muss nicht nur der gesetzliche Vertreter für ihn handeln, sondern auch das Vormundschaftsgericht muss den Kaufvertrag genehmigen, wenn mit dem Kauf nicht nur Vorteile für den Minderjährigen verbunden sind. Nachteile sind z. B. immer dann für den Minderjährigen gegeben, wenn der Kaufpreis finanziert wird oder anläßlich des Kaufvertrages das Grundstück in irgendeiner Weise belastet werden soll bzw. belastet werden muss. Insgesamt kann insoweit auf die Ausführungen zur Person des Verkäufers verwiesen werden.

Die Dritten

Auch **Dritte** können an einem Grundstückskaufvertrag beteiligt sein. In der Praxis kommt es häufig vor, dass bei einem Grundstückskaufvertrag nicht nur ein Verkäufer und ein Käufer beteiligt sind.

Der Ehegatte

Die meisten **Eheleute** leben im gesetzlichen Güterstand der Zugewinngemeinschaft (§ 1363 BGB). Nicht alle Ehepaare sind auch als Miteigentümer im Grundbuch eingetragen. Es ist häufig der Fall, dass trotz dieses gesetzlichen Güterstandes nur einer der Ehegatten Eigentümer eines Grundstücks ist. Sei es, dass er bereits vor Eheschließung Eigentümer war oder dieses Grundstück infolge eines Erbgangs zu Eigentum erworben hat. Will in diesen Fällen ein Ehegatte z. B. ein solches Grundstück verkaufen, bedarf es nach § 1365 BGB der Zustimmung des Ehegatten, wenn dieses Grundstück das gesamte bzw. nahezu gesamte Vermögen des verfügenden Ehegatten ist. Dies wird sehr oft der Fall sein. Andererseits achten auch die Notare darauf und drängen von sich aus auf die Genehmigung des anderen Ehegatten, um nicht bei Abschluss des Grundstückskaufvertrages einen Formfehler zu begehen.

Die Aufsichtsbehörden einer Vertragspartei

Handelt es sich bei dem Eigentümer um eine öffentlich-rechtliche Person, so bedarf der Grundstückskaufvertrag der Zustimmung der **Aufsichtsgremien**. Hier ist insbesondere an die Kirchengemeinden oder die politischen Gemeinden zu denken. In diesen Fällen ist der geschlossene Grundstückskaufvertrag solange schwebend unwirksam, bis die Aufsichtsgremien der juristischen Person des öffentlichen Rechts den Vertrag als solchen genehmigt haben.

Der Makler

In vielen Fällen kommen Grundstückskaufverträge durch die Vermittlung eines Maklers zustande. Der **Makler** erhält gem. § 653 BGB entweder für den Nachweis oder die Vermittlung des Grundstückes einen Mäklerlohn. Zur Sicherung des Mäklerlohns treten die Makler sehr oft bei Abschluss des notariellen Grundstückskaufvertrages als Beteiligte auf. In diesem Grundstückskaufvertrag lassen sie sich für ihre Vermittlungstätigkeit das Recht einräumen bzw. bestätigen, entweder vom Verkäufer oder vom Käufer die Maklercourtage verlangen zu dürfen.

Tipp: Von dieser Art der Beteiligung des Maklers am Grundstückskaufvertrag ist abzuraten. Aus der Sicht des Maklers vereinfacht die Beteiligung am Grundstückskaufvertrag natürlich die Durchsetzung seiner Rechte. Andererseits belasten Sie den Grundstückskaufvertrag unnötig und führen zu Schwierigkeiten, wenn der Grundstückskaufvertrag aus irgendwelchen Gründen geändert oder angefochten werden muss.

Ein Maklervertrag ist nach der Rechtsprechung des Bundesgerichtshofes (BGH) ein typischer Formularvertrag im Sinne des AGB-Gesetzes. Der BGH hat im Laufe der Zeit viele Klauseln der verwandten Maklerverträge für unwirksam erklärt. Ein in rechtlicher Hinsicht unbedenklicher Maklervertrag (Alleinauftrag) kann folgende Punkte enthalten:

Maklervertrag

I. Vertragsparteien

a) Auftraggeber …
b) Maklerfirma …
c) Objektbezeichnung …
d) Kaufpreisangaben …

II. Alleinauftrag

Der Alleinauftrag ist erteilt für die Zeit vom … bis zum … Er verlängert sich jeweils um weitere 3 Monate, wenn er nicht von einer Vertragspartei unter Einhaltung einer Kündigungsfrist von 1 Monat gekündigt wird.

III. Pflichten des Auftraggebers

Der Auftraggeber verpflichtet sich für die Vertragszeit,

1. keine Dienste eines anderen Maklers in Bezug auf dasselbe Objekt in Anspruch zu nehmen;
2. jede Maklertätigkeit Dritter, die nicht mit der Maklerfirma zusammenarbeiten, ist in Bezug auf das Objekt dieses Auftrages zu untersagen.
3. Der Auftraggeber zahlt am Tage der notariellen Beurkundung des Kaufvertrages an die Maklerfirma eine Provision in von … Prozent aus dem Gesamtkaufpreis und die Mehrwertsteuer aus dem Provisionsvertrag.
4. Bei einer nachträglichen Minderung des Kaufpreises wird der Provisionsanspruch nicht berührt.
5. Der Auftraggeber hat dem Makler die Aufwendungen, insbesondere die Kosten für die Inserate, Prospekte und die Fahrtkosten nach den Bahntarifen erster Klasse zu ersetzen, wenn

a) der Auftraggeber die Durchführung des Auftrages erheblich behindert;
b) der Auftraggeber seine Alleinauftragspflichten verletzt.
c) Wenn der Fall eintritt, dass der Auftraggeber Aufwendungsersatz zu leisten hat, kann der Makler den Vertrag fristlos kündigen. Beauftragt der Auftraggeber vetragswidrig einen anderen Makler, so kann die Maklerfirma unabhängig vom Nachweis eines Schadens eine Entschädigung von 50 Prozent der vereinbarten Vergütung fordern. Ein höherer Schaden ist nachzuweisen.
d) Der Auftraggeber bevollmächtigt den Makler, in das Grundbuch und die Grundakten Einsicht zu nehmen und sämtliche Versicherungsunterlagen und alle weiteren Unterlagen in amtlichen Registern zu beschaffen.
e) Andere als die schriftlichen Vereinbarungen sind nicht getroffen.

IV. Pflichten der Maklerfirma

Die Maklerfirma verpflichtet sich,
a) sofort tätig zu werden;
b) alle sich ergebenden Abschlusschancen zu sondieren;
c) zur strengen Unparteilichkeit zwischen Auftraggeber und Kunden.

V. Nebenabreden

Stillschweigende, mündliche oder schriftliche Nebenabreden sind nicht getroffen worden.

VI. Einzelfallvereinbarungen

Tipp: Vor Unterzeichnung des Maklervertrages sollte man sich eine Bedenkzeit von mindestens einem Tag ausbedingen. Weicht der Maklervertrag erheblich von den o.g. Punkten ab, empfiehlt sich die Einholung eines Rechtsrats bei einer Verbraucherberatungsstelle oder einem Anwalt.

Der Bauträger

Ein Bauträger errichtet in eigenem Namen und auf seinem eigenen Grundstück ein Bauwerk (Haus) nach den Vorstellungen des späteren Käufers. Er verpflichtet sich meist, das Haus schlüsselfertig an den Käufer zu übergeben.

Bei einem Bauträgervertrag gibt es also auch nur zwei Vertragsparteien, nämlich den Verkäufer (also den Bauträger) und den Käufer.

Tipp: Wer von einem Bauträger schlüsselfertig kauft, muss besonders gut aufpassen. Die Besonderheiten des Bauträgervertrages sind auf Seite 30 ff. ausführlich behandelt.

Der Gegenstand eines Grundstückskaufvertrages

Wie oben bereits erwähnt, ist es nach deutschem Recht nicht möglich, nur das Haus als solches zu kaufen. Man muss vielmehr das Grundstück, auf dem das Haus steht, erwerben. Gegenstand eines Grundstückskaufvertrages ist also in aller Regel das Grundstück. Neben Grundstücken bzw. Teilgrundstücken ist es auch möglich, dass grundstücksgleiche oder -ähnliche Rechte Gegenstand eines Grundstückskaufvertrages sind. Hierher gehören insbesondere das **Erbbaurecht** und das **Wohnungseigentum**. In letzter Zeit haben sich darüber hinaus auch andere Formen von Verträgen entwickelt. Immer häufiger kommen in der Praxis **Bauträgerverträge**, **Bauherrenmodelle** und **Generalübernehmer-Modelle** vor.

Gegenstand eines Grundstückskaufvertrages kann aber auch der **Erwerb auf Rentenbasis** oder **die Übergabe unter Einräumung eines „Altenteils" für den Veräußerer** sein.

Das Grundstück

Unter einem **Grundstück** im Sinne des Bürgerlichen Gesetzbuchs (BGB) und der Grundbuchordnung (GBO) versteht man einen räumlich abgegrenzten Teil der Erdoberfläche, der im Bestandsverzeichnis des entsprechenden Grundbuches unter einem Grundbuchblatt und einer Blattnummer registriert ist. Damit ist das Grundstück streng vom Flurstück zu unterscheiden. Das Katasteramt entscheidet, was ein Flurstück ist. Zu einem Grundstück können aber durchaus mehrere Flurstücke vereinigt werden. Dabei ist das Flurstück oder die Katasterparzelle lediglich ein vermessungstechnischer Begriff. Auf Seite 90 f. finden Sie eine Abbildung eines Grundbuchblattes. Im Bestandsverzeichnis, das im Original durch die weiße Farbe kenntlich gemacht wird, ist das Grundstück bezeichnet.

Bei dem Haus, das auf einem Grundstück steht, handelt es sich um einen wesentlichen Bestandteil des Grundstücks.

Wie auf Seite 11 bereits schon einmal kurz angesprochen, sind **wesentliche Bestandteile** die Bestandteile einer Sache, die voneinander nicht ohne Beschädigung oder Wesensveränderung der Sache getrennt werden können (§ 93 BGB). Bei einem Grundstück, auf dem ein Haus steht, leuchtet das ein. Bei einem Abbruch des Hauses würde das Wesen der gesamten Sache total verändert. Das bedeutet nun wiederum nicht, dass ein Gebäude – als wesentlicher Bestandteil – den Wert eines in Rede stehenden Grundstücks automatisch erhöhte. Vielmehr können Art und Beschaffenheit der Bebauung den Wert eines Grundstücks – zum Beispiel gegenüber einem unbebauten, voll erschlossenen Grundstück – unter Umständen auch beträchtlich vermindern, wenn von vornherein klar ist, dass für den Käufer nur der Abriss einer Ruine oder die Beseitigung einer Klärgrube infrage kommt, um das Grundstück weiter zu nutzen. Aber auch in diesem – negativen – Fall ist von dem **wesentlichen Bestandteil** eben nicht abzusehen; der Käufer kann sich nicht darauf berufen, nur das Grundstück erworben zu haben und im Nachhinein vom Verkäufer den Abriss der Ruine oder die Beseitigung einer Klärgrube fordern.

Aber nicht nur das Haus ist wesentlicher Bestandteil des Grundstückes. Auch das Gebäude selbst hat wiederum wesentliche Bestandteile. Natürlich sind auch diese wesentlichen Bestandteile eines Gebäudes mit dem Grund und Boden fest verbunden (§ 94 BGB). Z. B. der Aufzug in einem Gebäude, die Lüftungsanlage einer Gaststätte usw.

Wird ein Grundstück verkauft, so sind die wesentlichen Bestandteile automatisch mitverkauft, ohne dass es einer besonderen Vereinbarung zwischen dem Käufer und dem Verkäufer bedarf. Etwas anderes gilt allerdings beim Kauf vom Bauträger. Im Abschnitt ab S. 30 wird auf die Besonderheiten beim Erwerb von einem Bauträger eingegangen.

Darüber hinaus gibt es auch noch die so genannten **Scheinbestandteile**. Dies sind solche Bestandteile, die nur vorübergehend mit einem Grundstück verbunden sind (§ 95 BGB). Um einen Scheinbestandteil handelt es sich z. B. bei dem vom Mieter verlegten Teppichboden in der Mietwohnung. Solche Scheinbestandteile sind natürlich nicht automatisch mitverkauft.

Von den wesentlichen Bestandteilen ist das **Zubehör** eines Grundstücks zu unterscheiden.

Auch das Zubehör ist bei einem Verkauf eines Grundstücks automatisch mitverkauft. Andererseits haftet das Zubehör wie die wesentlichen Bestandteile bei der Belastung eines Grundstücks z. B. mit einer Grundschuld oder Hypothek für die Schulden mit.

Bei Zubehör handelt es sich um „bewegliche Sachen, die, ohne Bestandteil der Hauptsache zu sein, dem wirtschaftlichen Zweck der Hauptsache zu dienen bestimmt sind und zu ihr in einem dieser Bestimmung entsprechenden engen räumlichen Verhältnisse stehen“, wie § 97 BGB den Begriff definiert. Zubehör sind z. B. der Traktor auf dem Bauernhof, die Alarmanlage in einer Eigentumswohnung, Baumaterial auf einem Baugrundstück, Fahrzeugteile in einer Werkstatt usw.

Allerdings ist eine Sache dann kein Zubehör, wenn sie nach der allgemeinen Verkehrsauffassung nicht als Zubehör angesehen wird (z. B. Möbel eines Hauses, es sei denn, es sind Einbaumöbel. Dann sind sie allerdings wesentlicher Bestandteil).

Bei dem Zubehör muss man noch weiter beachten, dass solche Gegenstände auch vorübergehend von dem Grundstück getrennt werden können. Einerseits hebt die vorübergehende Trennung die Zubehöreigenschaft nicht auf. Andererseits begründet eine nur vorübergehende Benutzung noch keine Zubehöreigenschaft (§ 97 Abs.II BGB).

Erbbaurecht

Gegenstand eines Grundstückskaufvertrages kann auch ein **Erbbaurecht** sein. Dabei handelt es sich um das Recht, auf oder unter einem fremden Grundstück ein Bauwerk zu haben. Die rechtliche Regelung erfolgt nicht durch das BGB, sondern durch die Verordnung über das Erbbaurecht (ErbbRVO). Das Erbbaurecht stellt die stärkste Belastung eines Grundstücks dar, weil der Eigentümer den Besitz und das Nutzungsrecht verliert. Es wird im Grundbuch des belasteten Grundstücks in der zweiten Abteilung an erster Rangstelle eingetragen. Ein Erbbaurecht wird meist nur auf eine bestimmte Zeit begründet, weil bei einem unbefristeten Bestehen das Eigentum seinen Zweck verlöre. Die Bestellung unter einer auflösenden Bedingung ist ausgeschlossen (§ 1 Abs.IV ErbbRVO). Andererseits ist das Erbbaurecht mit Zustimmung des Eigentümers veräußerlich und vererbbar.

Es ist also möglich, ein Haus, das auf Grund eines Erbbaurechts auf fremden Grund und Boden erbaut worden ist, käuflich zu erwerben. Aber auch hier wird nicht das Haus als solches, sondern das Erbbaurecht an einem Grundstück, auf dem das Haus errichtet ist,vom Käufer erworben.

Begründet wird das Erbbaurecht durch Einigung und Eintragung (nicht – wie beim Kauf – durch Auflassung).

Der schuldrechtliche Vertrag ist ähnlich einem Kaufvertrag und bedarf nach § 313 BGB der notariellen Beurkundung. Statt eines Kaufpreises wird in der Regel ein Erbbauzins gezahlt, entsprechende Regelungen trifft der § 9 ErbbRVO. Es kann nur an erster Stelle im Grundbuch eingetragen werden. Für das Erbbaurecht ist ein gesondertes Grundbuchblatt, das Erbbaugrundbuch anzulegen.

Das Erbbaurecht ist belastbar. Insoweit gelten die entsprechenden Sondervorschriften der §§ 18–22 ErbbRVO. Während des Bestehens des Erbbaurechts steht das Gebäude im Eigentum des Erbbauberechtigten und nicht im Eigentum des Grundstückseigentümers. Mit dem Ende des Erbbaurechts allerdings fällt das Gebäude automatisch in das Eigentum des Grundstückseigentümers.

Tipp: Wer sich mit dem Gedanken trägt, ein Erbbaurecht zu erwerben, sollte besser anwaltlichen oder notariellen Rat einholen. Wie gerade erwähnt, verliert man nach Ablauf des Erbbaurechts das Eigentum an dem Haus.

Eigentumsanteile

Bei einem „Hauskauf" wird in aller Regel nur der Kauf eines bestimmten bebauten Grundstückes in Betracht kommen.

Es ist aber auch möglich, nur einen noch zu vermessenden Teil eines Grundstückes zu erwerben. Ein solcher Kauf kommt insbesondere dann in Betracht, wenn auf einem größeren Grundstück ein Haus steht und der Käufer nur den Teil des Grundstückes kaufen will, der mit dem Haus bebaut ist.

In solchen Fällen muss allerdings das ursprüngliche Grundstück zunächst geteilt und vermessen werden. Verträge solcher Art werden dann immer unter dem Vorbehalt der Genehmigung der Gemeinde zur Teilung und einer noch vorzunehmenden Vermessung geschlossen. Ansonsten weisen solche Grundstückskaufverträge keine anderen Besonderheiten auf.

Tipp: Wer einen solchen Kaufvertrag schließen will, sollte sich unbedingt vorher selbst auf der zuständigen Gemeinde erkundigen, ob eine Teilung genehmigt wird.
Außerdem fallen bei solchen Verträgen nicht unerhebliche Teilungskosten und eventuell auch noch zusätzliche Erschließungskosten an. Es ist deshalb ratsam, sich über die Höhe dieser Zusatzkosten zu erkundigen und im Vertrag genau zu regeln, wer für welche Kosten aufkommt.

Es ist aber auch denkbar, dass nur ein Eigentumsanteil an einem bebauten Grundstück verkauft werden soll. Obwohl dieser Fall in der Praxis so gut wie nie vorkommt, soll er hier kurz erwähnt werden.

Wenn eine Hälfte eines Grundstücks verkauft wird, bleibt der Verkäufer Eigentümer einer ideellen Hälfte. Der Käufer erwirbt also nur die andere ideelle Hälfte des Grundstücks. Beide Vertragsparteien sind also nach Abschluss und Vollzug eines solchen Kaufvertrages Miteigentümer zur ideellen Hälfte.

Tipp: Solche Verträge kann man eigentlich nur unter Eheleuten oder nahen Verwandten schließen. Abzuraten ist vom Erwerb einer ideellen Hälfte eines geschiedenen oder in Trennung lebenden Ehepartners. Das gibt mit Sicherheit Ärger.

Das vom Bauträger zu errichtende Haus

Immer häufiger kommt es vor, dass der Käufer bzw. der Bauherr ein Haus schlüsselfertig erwerben will. Er will sich den ganzen Ärger mit der Bauerei und den Handwerkern ersparen. Man unterscheidet im Prinzip zwei Arten von „schlüsselfertigem Bauen".

In einem Falle erwirbt der Käufer ein unbebautes Grundstück und schließt *danach* mit einem Bauunternehmer einen Bauvertrag derart, dass der Bauunternehmer ein schlüsselfertiges Haus erstellt. Dieser Fall soll im vorliegenden Ratgeber nicht behandelt werden.

In einem anderen Fall erwirbt der Käufer vom Verkäufer ein Grundstück. *Zugleich* verpflichtet sich der Verkäufer, auf diesem Grundstück ein Haus zu errichten bzw. einen angefangenen Bau fertigzustellen. In diesen Fällen spricht man von einem Bauträgervertrag. Ein Bauträgervertrag liegt aber immer nur dann vor, wenn der Verkäufer noch Arbeiten am Bau – seien es auch nur Restarbeiten – fertigzustellen hat.

Die Besonderheit des Bauträgervertrages liegt im Ausgleich der widerstrebenden Interessen der Vertragsparteien. Der Bauträger hat ein Interesse daran, möglichst frühzeitig den Kaufpreis vom Käufer zu erhalten, um insbesondere seine Kreditkosten niedrig zu halten. Der Käufer hingegen ist daran interessiert, den Kaufpreis nur Zug um Zug im Rahmen der Fertigstellung des Bauwerkes zu zahlen und dabei grundbuchmäßig abgesichert zu sein.

Bei einem Bauträgervertrag handelt es sich um einen einheitlichen zusammengesetzten Vertrag, der aus zwei Vertragselementen besteht. Bei dem Erwerb des Grundstücks handelt es sich grundsätzlich um Kaufvertragsrecht. Soweit der Verkäufer selbst oder durch Dritte auf dem zu veräußernden Grundstück ein Bauwerk zu errichten hat, handelt es sich um werklieferungsvertragliche Elemente. Bei dem notariell zu beurkundenden Vertrag fließen diese beiden Elemente zusammen.

Der Abschluss eines solchen Vertrages birgt nämlich für den Käufer nicht unerhebliche Gefahren. Insbesondere wird dies bei den Gewährleistungsansprüchen deutlich. Jedermann weiß, dass es kaum einen Bau ohne Mängel gibt. Würden sich im Falle eines Bauträgervertrages die Gewährleistungsansprüche nach Kaufvertragsrecht richten, so betrüge die Verjährungszeit gemäß § 477 BGB nur ein Jahr. Dagegen verjähren Gewährleistungsansprüche bei einem Werkvertrag gemäß § 638 BGB „bei Bauwerken in fünf Jahren".

Weil diese Unterscheidung so wichtig ist, hat bereits der Bundesgerichtshof (BGH) grundsätzlich entschieden, dass bezüglich der Gewährleistungsansprüche bei Bauträgerverträgen das Werkvertragsrecht anzuwenden ist. Dabei spielt es auch keine Rolle, dass man bei Bauträgerverträgen grundsätzlich von einem Werklieferungsvertrag im Sinne von § 651 BGB spricht. In diesen Fällen überwiegen nämlich die Werkvertragsmerkmale derart, dass bezüglich des Bauwerkes nicht das Kaufrecht, sondern das Werkvertragsrecht anzuwenden ist.

Durch die *Verordnung über die Pflichten der Makler-, Darlehens- und Anlagenvermittler, Bauträger und Baubetreuer,* etwas kürzer auch Makler- und Bauträgerverordnung (MaBV) genannt, sind die Bauherren (in diesem Fall spricht man wohl richtiger vom Käufer) noch weiter geschützt worden. Bei einem Baubetreuungsvertrag ist die MaBV zwingendes Recht. Es ist also nicht möglich, dass die Vertragsparteien bei ihrem notariellen Grundstücksvertrag etwas anderes vereinbaren, als die MaBV zwingend vorschreibt.

Letztlich ist der Käufer auch noch durch das Gesetz zur Regelung des Rechts der Allgemeinen Geschäftsbedingungen, kurz AGB-Gesetz zusätzlich geschützt. Neben der MaBV müssen Bauträgerverträge auch den strengen Anforderungen des AGBG entsprechen.

Obwohl diese Verträge sehr viele Gefahren in sich bergen, kann man nicht grundsätzlich von ihnen abraten. Zum einen ist der Notar verpflichtet, dann beratend einzuschreiten, wenn die eine oder andere Partei bei einem solchen Vertrag übervorteilt wird. Andererseits ist die Rechtsprechung der Gerichte derart gefestigt, dass auch eine spätere Änderung unwirksamer Vertragsklauseln und eine entsprechende Anpassung evtl. mangelhafter Verträge erfolgen kann.

Wer als Käufer einen Bauträgervertrag schließen will, sollte über die nachfolgenden ganz wichtigen Probleme unbedingt Bescheid wissen.

Ein Bauträger ist ein Gewerbetreibender im Sinne von § 34 c der Gewerbeordnung (GwO) und in Geschäften solcher Art ein erfahrener Geschäftsmann. Der Käufer hingegen befindet sich oft in einer Bau-Euphorie und überschaut als kaufmännischer und juristischer Laie nicht immer alle Risiken.

Sicherung von Leistung und Gegenleistung

Die Sicherung von Leistung und Gegenleistung beim Bauträgervertrag ist ein juristisch anspruchsvoller Vorgang.

Wie oben bereits erwähnt, ist es Aufgabe des beurkundenden Notars, bei der Vertragsgestaltung darauf zu achten, dass die MaBV und das AGBG korrekte Anwendung finden. Gemäß § 3 MaBV darf der gewerbetreibende Bauträger nur dann Vermögenswerte (sprich: Zahlungen) des Käufers zur Ausführung des Auftrages entgegennehmen oder sich zu deren Verwendung ermächtigen lassen, wenn

1. ein rechtswirksamer Vertrag zwischen dem Gewerbetreibenden und dem Auftraggeber vorliegt;
2. zur Sicherung des Anspruchs des Auftraggebers (also des Käufers) auf Eigentumsübertragung oder Bestellung oder Übertragung eines Erbbaurechts an dem Vertragsobjekt eine Vormerkung an der vereinbarten Rangstelle im Grundbuch eintragen ist;
3. die Freistellung des Vertragsobjektes von allen Grundpfandrechten, die der Vormerkung im Range vorgehen oder gleichstehen und nicht übernommen werden sollen, gesichert ist – und zwar auch für den Fall, dass das Bauvorhaben nicht vollendet wird;
4. die Baugenehmigung bereits erteilt worden ist.

Im Klartext heißt es also, dass

1. der Kaufvertrag rechtswirksam sein muss und für den Vollzug des Vertrages alle erforderlichen öffentlich-rechtlichen Genehmigungen vorliegen müssen;
2. der Eigentumsverschaffungsanspruch des Käufers durch Eintragung einer Auflassungsvormerkung abgesichert sein muss;
3. die Freigabe des Kaufobjektes von der Globalbelastung sichergestellt worden ist. Bei einem Bauträgervertrag wird der verkaufte Grundbesitz in aller Regel mit einem Global-

grundpfandrecht zugunsten der den Bau finanzierenden Bank des Bauträgers belastet. Die Bank muss sich also gegenüber dem Käufer verpflichten, das Kaufobjekt freizugeben, wenn

a) bei Vollendung des Bauvorhabens die geschuldete Vertragssumme und/oder
b) bei Nichtfertigstellung der dem erreichten Bauzustand entsprechende Teil der Vertragssumme bezahlt ist.
c) Schließlich muss auch noch die Baugenehmigung vorliegen. Diese muss unanfechtbar sein. Ist z. B die Baugenehmigung angefochten worden, darf der Kaufpreis nicht fällig werden.
d) Letztlich muss das Fertigstellungsrisiko abgesichert sein. Zahlt z. B. der Käufer vor Fertigstellung des letzten Bauabschnittes den vereinbarten Kaufpreis an den Bauträger und stellt dieser das Haus später nicht fertig, so ist für den Käufer der Betrag verloren. Dieses Risiko kann man dadurch verringern, dass der Kaufpreis in Raten, die den jeweiligen konkreten Baufortschritten entsprechen, fällig wird oder erst zu diesem Zeitpunkt in die Verfügungsgewalt des Käufers gelangen soll.

WARNUNG

Alle Vertragsregelungen, bei denen nur der Bauträger Zugriff auf das Baukonto des Käufers hat, sind grundsätzlich abzulehnen. Die Risiken sind viel zu groß.

Tipp: Wer als Käufer ganz sicher gehen will, sollte seine Rückzahlungsansprüche gegenüber dem Bauträger durch eine Bankbürgschaft sichern. Haben Sie keine Scheu, lange und ausführlich über Geld zu reden. Unter Umständen hängt Ihre Existenz davon ab.

Gewährleistungsansprüche beim Bauträgervertrag

Die **Gewährleistungsansprüche beim Bauträgervertrag** sind mindestens genauso wichtig wie die Sicherung von Leistung und Gegenleistung bei einem solchen Vertrag.

Häufige Schwierigkeiten (Rechtsmängel) entstehen dann, wenn öffentlich-rechtliche Lasten, wie z. B. die Erschließungskosten, Versorgungsanlagen usw. nicht gezahlt werden.

In aller Regel verpflichtet sich in einem Bauträgervertrag der Verkäufer, die Kosten für die Erschließung zu tragen. Dabei sind diese Kosten natürlich in den Kaufpreis, den der Käufer zu zahlen hat, bereits vorher vom Bauträger eingerechnet. Tritt nun der Fall ein, dass der Verkäufer die Erschließungskosten an die Gemeinde nicht abgeführt hat und in Vermögensverfall (z. B. Konkurs) gerät, so haftet der Käufer der Gemeinde gegenüber mit dem Grundstück nochmals für die Erschließungskosten. Bei einem Bauträgervertrag sind Sicherungsmaßnahmen insoweit für den Käufer recht schwierig zu gestalten.

Tipp: Bestehen Sie auf einer Bankbürgschaft des Bauträgers gegenüber der Gemeinde für diese Kosten. Eine solche Bankbürgschaft über die geschätzten Erschließungskosten wird dann der Gemeinde vom Bauträger ausgehändigt.

Eine ganz wichtige Bedeutung haben beim Bauträgervertrag die Gewährleistungsbestimmungen für Sachmängel. Soweit es sich um Mängel des Grundstückes selbst handelt, werden in aller Regel Gewährleistungsansprüche ausgeschlossen. Dies ist üblich und korrekt. Anders verhält es sich natürlich mit den Mängeln am Bauwerk. Wie bereits ausgeführt, richten sich die Gewährleistungsansprüche aufgrund der Rechtsprechung des BGH nach Werkvertragsrecht. Sie verjähren also grundsätzlich zunächst einmal nach 5 Jahren, weil es sich um Arbeiten an einem Bauwerk handelt.

Ein ganz anderes Problem tut sich auf, wenn man die Frage stellt nach der Art der Gewährleistung und gegen wen sich die Gewährleistungsansprüche richten.

Üblich und zulässig ist in Bauträgerverträgen, dass die Wandelung, d.h. das Rückgängigmachen des Kaufs durch den Käufer, ausgeschlossen wird. Schadensersatzansprüche und Minderungsansprüche können hingegen nur in den engen Grenzen des § 11 AGBG beschränkt werden.

Eine ganz wichtige Frage ist, gegen wen sich die Gewährleistungsansprüche des Käufers richten. Gemäß §11 Nr. 10a AGBG ist der Ausschluss der eigenen Gewährleistung und die Abtretung der Ansprüche gegen die am Bau Beteiligten nicht zulässig. „Schwarze Schafe“ unter den Bauträgern sind deshalb auf die Idee gekommen, ihre Ansprüche gegen die am Bau beteiligten Handwerker dem Käufer abzutreten. Sie bezahlen einen Bauträger ja aber gerade dafür, dass er Ihnen die Einzelverhandlungen über die verschiedenen Gewerke erspart und für die fachgerechte Ausführung des „schlüsselfertigen“ Baus einsteht und mit der Gewährleistungspflicht auch die Verantwortung dafür übernimmt. Sobald Sie es einem Bauträger gestatten, sich aus dieser Verantwortung zu stehlen, geben Sie ihm faktisch einen Freibrief, mindere Qualität zu Dumpingpreisen einzukaufen. Die Folgen hätten allein Sie zu tragen. Und ob es Ihnen gelingt, sich an den Handwerkern (die vielleicht gar keine Fachbetriebe des Handwerks waren) schadlos zu halten, ist nach allen vorliegenden Erfahrungen mehr als zweifelhaft.

Tipp: Sollte in Ihrem Bauträgervertrag eine solche Regelung enthalten sein, weigern Sie sich, diesen Vertrag zu unterschreiben! Lassen Sie sich auf keine Diskussion ein! Das ist nahezu das Gefährlichste, was Sie überhaupt tun können.

Wollte man als Käufer bei einem Bauträgervertrag überhaupt keine Fehler machen, müsste man ein erfahrener Jurist sein. Aber auch dann sind nicht alle Fehler vermeidbar.

Wer einen Bauträgervertrag abschließt, sollte immer davon ausgehen, dass der Notar pflichtgemäß den Vertragsentwurf genau prüft und die Vertragsparteien berät. Außerdem hat der Gesetzgeber zugunsten des Käufers genügend Rechtssicherheiten geschaffen. Unwirksam wären nach § 10 AGBG insbesondere folgende Vertragspunkte:

1. Willkür des Rücktrittsrechts;
2. die nachträgliche Änderung der versprochenen Leistungen durch den Bauträger;
3. eine unangemessen hohe Nutzungsentschädigung bzw. Aufwendungsersatz;
4. die Nichtteilnahme des Käufers an der Übergabe, die als Abnahme des Bauwerkes zu werten ist;
5. Preisanpassungsklauseln, insbesondere in der Form, dass sich nach Baubeginn ab einem bestimmten Termin der Preis um einen bestimmten Prozentsatz der geltenden Preisliste des Unternehmers ändert;
6. Zinsen für fällige Raten ohne vorhergehende Mahnung durch den Bauträger;
7. übermäßig hohe, dem Baufortschritt nicht entsprechende Abschlagsraten;
8. Absehen vom Erfordernis der Nachfristsetzung;
9. eine Schiedsgutachterklausel für Sachmängel.

Tipp: Bevor Sie einen solchen Vertrag unterschreiben, sollten Sie sich in aller Ruhe zu Hause genau mit den Vertragsbestandteilen auseinandersetzen und notfalls rechtlichen Rat einholen. Besser ein paar hundert Mark bei einem Anwalt bezahlt, als später viele Tausende (im wahrsten Sinne des Wortes) in den Sand gesetzt.

Das Bauherrenmodell

Beim **Bauherrenmodell** gibt es mehrere Verträge. Zunächst erwirbt der Käufer ein unbebautes Grundstück bzw. einen Miteigentumsanteil an einem solchen Grundstück. Danach beauftragt der Käufer als Bauherr einen Dritten, den so genannten Treuhänder, mit der Durchführung des Bauvorhabens. Zusätzlich werden Verträge über die technische und wirtschaftliche Baubetreuung und die Vermittlung der Finanzierung geschlossen. Soll das Bauobjekt gar noch vermietet werden, werden Verträge über die spätere Vermietung hinzugefügt.

Nicht selten folgen Verträge, in denen garantiert wird, dass

a) das Bauobjekt zu einem ganz bestimmten Zeitpunkt fertig ist,
b) bei mehreren Bauherren alle ihre Pflichten erfüllen,
c) bestimmte Höchstpreise nicht überschritten werden,
d) das Objekt nach der Fertigstellung zu einer bestimmten Garantiemiete vermietet wird.

Eine weitere Besonderheit des Bauherrenmodells ist, dass der Käufer alle diese Verträge nicht persönlich abschließt, sondern einen Treuhänder dazu bevollmächtigt. Abgesehen davon, dass alle Verträge der notariellen Beurkundung bedürfen, weil sie mit dem Grundstückskaufvertrag in einem engen Zusammenhang stehen, bergen sie dennoch für den gutgläubigen Käufer, der allein einem Hochglanzprospekt oder einem eloquenten „Berater" vertraut, gewaltige Risiken in sich. So trägt der Bauherr (also der Käufer) insbesondere folgende Risiken:

1. das Baukostenrisiko, wenn das Objekt nicht rechtzeitig fertiggestellt und bezogen bzw. vermietet werden kann. Der Bauherr haftet nämlich den Bauhandwerkern gegenüber als unmittelbarer Vertragspartner.
2. das Finanzierungsrisiko und das Fertigstellungsrisiko. Letztes kann dann unangenehme Folgen haben, wenn z. B. behördliche Genehmigungen versagt werden und deshalb das Bauobjekt nicht fertiggestellt werden kann.

3. letztlich das Sachmängelrisiko. Der Treuhänder bzw. der Baubetreuer haften nämlich hierfür nicht. Sie sind in diesem Sinne also keine Bauträger. Der Bauherr muss sich gegebenenfalls mit den Bauhandwerkern selbst auseinandersetzen.

Bei der Beurteilung von Bauherrenmodellen muss man also die sehr unterschiedlichen Interessen, die man als Käufer haben kann, in Rechnung stellen.

Ungeeignet dürfte dieses Modell für diejenigen Käufer sein, die lediglich ein eigenes Haus (beim Bauherrenmodell meist ein Reihenhaus) erwerben und bewohnen wollen. Diese Käufer haben in aller Regel keine Probleme mit zu hohen Steuerlasten. Außerdem wird mit Hilfe des Bauherrenmodells oft versucht, die zum Schutz des Käufers erlassenen MaBV zu umgehen, indem ein Steuerberater, Rechtsanwalt oder Wirtschaftsprüfer zum Treuhänder bestellt wird. Diese Treuhänder unterliegen nämlich nicht der GwO, und das Recht der MaBV ist folglich nicht anwendbar.

Tipp: Wenn es Ihnen nur um die eigenen zu bewohnenden vier Wände geht, Hände weg vom Bauherrenmodell! Auch im Wettstreit zwischen Steuersparkonzepten und Finanz- und Steuerrecht ist das Bauherrenmodell ein wenig aus der Puste gekommen.

Für Kapitalanleger, die Steuerprobleme haben, kann das Bauherrenmodell allerdings immer noch interessant sein. Kapitalanleger schließen sich über einen Treuhänder zu einer Bauherrengemeinschaft zusammen. Diese Bauherrengemeinschaft erstellt Wohnraum (meist in Form von Eigentumswohnungen), um diesen später zu vermieten.

Durch hohe Verlustzuweisungen besonders im Entstehungsjahr kommt es zu einer Steuerersparnis. Damit kann der Wohnraum in den meisten Fällen finanziert werden. Seit dem Grundsatzurteil des Bundesfinanzhofes (BFH) vom 14.11.1989 und dem Bauherrenerlass vom 31.8.1990 gilt allerdings der Kapitalanleger in steuerlicher Hinsicht lediglich noch als Erwerber. Damit fallen nunmehr die Gebühren für die Baubetreuung und die Treuhandtätigkeit sowie die Kosten für Finanzierungsgarantie und Finanzierungsvermittlung als abzugsfähige Kosten weg.

Tipp: In jedem Fall sollte der Rat eines Steuerberaters vor Abschluss eines solchen Vertrages eingeholt werden. Ist der Steuerberater zugleich auch der Treuhänder, ist Vorsicht geboten. Denken Sie daran, dass Sie nicht mehr Steuern absetzen können, als Sie bezahlen.
Oft werden märchenhafte Steuerersparnisse errechnet. In vielen Fällen zahlt jedoch der Käufer/Bauherr gar nicht so viele Steuern, wie er angeblich spart.

Das Generalübernehmer-Modell

Die Bauträgerbranche ist sehr erfinderisch, wenn es darum geht, steuerliche Vorteile auszunutzen und das eigene finanzielle Risiko so niedrig wie möglich zu halten. Beim Bauherrenmodell (siehe oben Seite 38 ff.) hat der Gesetzgeber durch die MaBV und das AGBG den Bauherren als „Verbraucher“ weitgehendst geschützt.

Seit einigen Jahren gibt es eine neue Vertragsvariante, für die sich zwischenzeitlich der Begriff **„Generalübernehmer-Modell“** herausgebildet hat. Da es insoweit noch keine höchstrichterliche Rechtsprechung gibt, ist von vornherein Vorsicht geboten.

Beim Generalübernehmer-Modell erwirbt der Bauträger nicht mehr ein Grundstück, um es zu bebauen und zu veräußern. Er lässt sich das zu bebauende Grundstück vom Grundstückseigentümer nur noch „an die Hand“ geben. In der Praxis geschieht das meist dadurch, dass der Grundstückseigentümer dem Bauträger ein befristetes Angebot zum Erwerb des Grundstücks macht. Hat der Bauträger dann Bauinteressenten gefunden, so benennt er diese dem Grundstückseigentümer als Kaufinteressenten für das Grundstück. Der Kaufinteressent schließt sodann mit dem Grundstückseigentümer einen Grundstückskaufvertrag ab. Zugleich wird zwischen dem Bauträger und dem Erwerber ein Generalübernehmervertrag abgeschlossen, in dem sich der Bauträger verpflichtet, ein schlüsselfertiges Bauobjekt zu erstellen. In vielen Fällen wird der Bauträger aber auch bevollmächtigt, für den Erwerber auch noch den Grundstückskaufvertrag zu erledigen.

Für den Bauträger bringt dieses Modell eigentlich nur Vorteile. Zum einen vermeidet er das Risiko des Grundstückserwerbs und baut erst dann, wenn der Interessent das Grundstück selbst erworben hat. Damit haftet der Bauträger weder für den Grundstückskaufpreis noch für die Bebaubarkeit des Grundstücks.

Der Verkäufer des Grundstücks veräußert in aller Regel mehrere Grundstücke bzw. Teile von Grundstücken. Für ihn ist der Verkauf erst zu Stande gekommen, wenn der gesamte Kaufpreis hinterlegt ist.

Der Erwerber hingegen muss den Kaufpreis für das Grundstück sofort und vollständig (und nicht, wie bei Bauträgerverträgen, entsprechend Baufortschritt und Fertigstellung) zahlen und überlässt das Bebauen dem Bauträger mit all den Risiken, die damit verbunden sind. Er trägt aber noch ein weiteres ganz gravierendes Risiko. Unter den Juristen gibt es noch Streit darüber, ob bei diesem Vertragsmodell die MaBV, die ja gerade den Erwerber schützt, anwendbar ist. Manche Bauträger wählen – könnte man mutmaßen – gerade deshalb diese Vertragskonstruktion, um sich den Auflagen der Makler- und Bauträgerverordnung zu entziehen. Das betrifft besonders die Gewährleistungspflichten und -fristen. Wie oben bereits erwähnt, gibt es noch keine höchstrichterlichen Urteile, die zu einer gewissen Rechtssicherheit führen.

WARNUNG

Hände weg vom Generalübernehmer-Modell! Als Bauherr stehen Sie erfahrenen Profis gegenüber. Sie bauen nur einmal, Ihre Vertragspartner verdienen mit dem Bauen Ihr Geld.

Unsere Gerichte müssen sich in letzter Zeit auch noch mit einem anderen Problem beschäftigen. In vielen Fällen werden anlässlich der Vermittlung des Grundstücks zwischen Bauträger und Interessent handschriftliche Zusatzvereinbarungen über eine „Vertragsstrafe" getroffen. Wer sich nicht an die Gesamtverabredung hält, zahlt an den anderen den Betrag X.

Auch wegen dieser Problematik gibt es noch keine einheitliche Rechtsprechung. Manche Gerichte sehen dies als Individualabrede an und verurteilen den Interessenten, der seine Bauabsicht aufgibt, zur Zahlung des Betrages. Andere Gerichte sehen solche Vereinbarungen als formnichtig an und vertreten die Auffassung, dass sie nur Bestandteil eines notariellen Vertrages sein können.

Tipp: Sobald der Bauträger die Unverbindlichkeit des Gesprächs und der mündlich getroffenen Vereinbarungen beteuert und zugleich eine handschriftliche Vereinbarung für alle Fälle will, sollten Sie generell Abstand von diesem Bauträger nehmen. Es ist schwer vorstellbar, dass ein solcher Vertragspartner nur seriöse Geschäfte macht.

Der Kaufpreis

Der Kaufpreis ist einer der wichtigsten Bestandteile eines Grundstückskaufvertrages. Ein Kaufvertrag, der keine Angaben über den Kaufpreis enthält, ist schlichtweg nichtig.

Die Höhe des Kaufpreises

In aller Regel wird in einem Grundstückskaufvertrag ein ganz bestimmter Betrag als Kaufpreis festgehalten. Das setzt natürlich voraus, dass die Vertragsparteien sich vor der Unterzeichnung des notariellen Kaufvertrages über die Höhe des Kaufpreises einig geworden sind. Es ist also nicht möglich, in einem Grundstückskaufvertrag festzustellen, dass sich die Parteien später über die Höhe des Kaufpreises noch einigen.

Nun sind in der Praxis aber auch Fälle denkbar, in denen die exakte Kaufpreishöhe noch gar nicht feststehen kann. Zu denken ist dabei insbesondere an den Verkauf solcher Grundstücke, die noch genau vermessen werden müssen. In solchen Fällen können sich die Parteien natürlich auf einen bestimmten Quadratmeterpreis einigen und in dem Grundstückskaufvertrag festhalten, dass die exakte Größe des Grundstückes von einer noch zu erfolgenden Vermessung desselben abhängig ist.

Seltener dürften die Fälle sein, in denen sich die Parteien auf einen bestimmten Preis für ein ganz bestimmtes Grundstück einigen, aber die exakte Grundstücksgröße noch nicht kennen. In solchen Fällen muss natürlich dann angegeben werden, von welcher Grundstücksgröße die Parteien ausgehen, damit später der exakte Kaufpreis nachberechnet werden kann.

Die Zusammensetzung des Kaufpreises

Gerade beim Kauf eines Grundstücks mit aufstehendem Haus setzt sich der Kaufpreis für das bebaute Grundstück aus mehreren Komponenten zusammen. So ist z. B. daran zu denken, dass der Käufer bestimmtes Zubehör (z. B. landwirtschaftliche Geräte, Traktoren u. Ä. bei einem Bauernhof) mitübernimmt.

In solchen Fällen ist es hauptsächlich wegen der Eintragungskosten im Grundbuch und wegen der Höhe der Grunderwerbssteuer sehr wichtig, dass sich die genaue Zusammensetzung des Kaufpreises aus dem notariellen Grundstückskaufvertrag ergibt. Je höher der Preis für das mitübernommene Zubehör ist, desto wichtiger ist eine Unterscheidung. Deutlich wird das an folgendem Beispiel:

Preis für das Grundstück mit Gebäude	= 300.000,00 DM
Preis für das mitübernommene Zubehör	= 200.000,00 DM
Gesamtpreis	= 500.000,00 DM

Würde keine Unterscheidung hinsichtlich der Zusammensetzung des Kaufpreises vorgenommen, so würden sich die Eintragungsgebühren und die Grunderwerbsteuer an einem Gesamtpreis von 500.000,00 DM bemessen. Tatsächlich fallen aber die Kosten und Steuern in unserem Beispiel nur in Höhe eines Kaufpreises von 300.000,00 DM an.

Die Kaufpreistilgung

Ebenso wichtig wie die Höhe des Kaufpreises ist die Einigung darüber, wann der Kaufpreis getilgt werden soll.

In der Praxis kommt es eher selten vor, dass der Käufer bereits bei Unterzeichnung des notariellen Grundstückskaufvertrages den Kaufpreis in bar bezahlt. Aus bestimmten Gründen kommt es aber schon einmal vor, dass eine solche Verfahrensweise gewählt wird. Besonders für den Käufer birgt eine solche Kaufpreiszahlung eine riesige Gefahr, weil er nicht gesichert ist. Denn auch nach Zahlung des Kaufpreises kann der Verkäufer z. B. nachträglich noch den notariellen Vertrag anfechten oder das Grundstück zusätzlich belasten.

Tipp: Sollte ausnahmsweise in Ihrem Fall eine solche Kaufpreiszahlung in Betracht kommen, lassen Sie sich ausführlich vom unterzeichnenden Notar über die Risiken unterrichten und belehren.

Regelmäßig wird es so sein, dass sich Verkäufer und Käufer mit Hilfe des Notars darauf einigen, dass zu einem ganz bestimmten Termin der Käufer den Kaufpreis zahlt und zu diesem Termin gleichzeitig die Eigentumsübertragung vom Verkäufer auf den Käufer erfolgt.

Beim Verkauf eines Grundstücks erfolgt die Eigentumsübertragung durch Eintragung des neuen Eigentümers im Grundbuch. Es ist also durchaus möglich, dass der Käufer bereits Besitz vom Grundstück erlangt hat, aber noch nicht Eigentümer ist. Da aber die Eigentumsumschreibung im Grundbuch von vielen Faktoren abhängig ist, kann dieser Zeitpunkt nicht exakt vorbestimmt werden. In diesen Fällen läuft es in der Praxis so ab, dass der Käufer den Kaufpreis zu dem im Kaufvertrag bestimmten Zeitpunkt auf ein Notaranderkonto oder Treuhandkonto einzahlt. Der Notar darf diesen Kaufpreis an den Verkäufer nur in dem Moment auszahlen, in dem die Eigentumsübertragung im Grundbuch erfolgt ist. Mit dieser Verfahrensweise ist nicht nur der Käufer, sondern auch der Verkäufer abgesichert. Der Käufer „verliert" sein Geld erst in dem Moment, in dem er als Eigentümer im Grundbuch eingetragen wird. Der Verkäufer kann erst von diesem Moment an über den Kaufpreis verfügen. Für ihn ist aber der Kaufpreis vorher bereits sichergestellt.

Tipp: Denken Sie daran, dass die Führung eines Notaranderkontos Geld kostet. Es ist möglich, die Kosten für das Notaranderkonto im Grundstückskaufvertrag entweder dem Käufer oder dem Verkäufer aufzuerlegen.

Eine andere Möglichkeit der Kaufpreissicherung besteht darin, dass sich die Bank/Sparkasse des Käufers mit der Bank/Sparkasse des Verkäufers über die Zahlungsziele verbindlich einigt. Die Banken halten solche Absprachen exakt ein und zahlen auch nur dann aus, wenn sichergestellt ist, dass der Eigentumsübergang erfolgt ist.

In aller Regel wird es aber so sein, dass der Käufer den Kaufpreis zumindest teilweise finanzieren muss. Dabei stößt er auf den berechtigten Anspruch des jeweiligen Kreditinstituts, das den Kaufpreis finanziert, im Grundbuch entsprechend abgesichert zu werden.

Die Absicherung der Bank oder eines anderen Kreditinstituts im Grundbuch ist aber nur durch den jeweiligen Eigentümer möglich. Ein Problem entsteht dadurch, dass der Käufer ja noch nicht als Eigentümer im Grundbuch eingetragen ist und mithin das Grundstück auch noch nicht mit einem Grundpfandrecht zur Sicherung der Bank belasten kann.

In der Praxis gibt es verschiedene Möglichkeiten, dieses Problem zu lösen.

Die unkomplizierteste Form ist die, dass der Verkäufer einer grundpfandrechtlichen Belastung des Grundstücks (er ist ja schließlich noch der Eigentümer) für das Kreditinstitut im notariellen Vertrag zustimmt. Die Absicherung des Verkäufers erfolgt dann in der Form, dass im gleichen Vertrag geregelt wird, dass der Darlehensbetrag nicht an den Käufer, sondern an den Verkäufer ausgezahlt wird.

Eine weitere Möglichkeit besteht darin, dass der Käufer bereits für den Zeitpunkt, in dem er im Grundbuch als Eigentümer eingetragen wird, zur Sicherung der Bank die Eintragung eines Grundpfandrechtes durch den unterzeichnenden Notar beantragt. Die Bank, die das Darlehen gibt, zahlt dann den Darlehensbetrag auf ein Notaranderkonto. Der Notar sorgt dafür, dass der Geldbetrag nur dann an den Verkäufer ausgezahlt wird, wenn der Käufer im Grundbuch eingetragen wird. Zugleich ist dadurch gesichert, dass der Notar sofort zugunsten der Bank ein Grundpfandrecht eintragen lässt.

Letztlich ist es auch möglich, dass wieder die Bank/Sparkasse des Käufers mit der Bank/Sparkasse des Verkäufers verbindliche Absprachen trifft und die Formalien im notariellen Kaufvertrag geregelt werden.

Die Übernahme von bestehenden Grundstücksbelastungen

In der Praxis kommt es häufig vor, dass der Käufer bestehende Belastungen auf dem Grundstück übernimmt und nur den Differenzbetrag zum vereinbarten Kaufpreis an den Verkäufer zahlt. Eine solche Regelung kann insbesondere dann recht sinnvoll sein, wenn zum Zeitpunkt des Kaufvertrags die Kapitalzinsen sehr hoch sind und der Verkäufer noch zu einem günstigen Zinssatz sein Grundstück belastet hat. In diesen Fällen ist besonders zu beachten, dass sich aus dem Grundbuch nicht die tatsächliche Höhe der Restschuld ergibt. Man spricht insoweit auch von der Höhe der bestehenden Valuta. Die Vertragsparteien sind also gut beraten, sich von der Bank genau ausrechnen zu lassen, welche Valuta zu einem ganz bestimmten Stichtag (Eintragung des Käufers als Eigentümer im Grundbuch) besteht. Im Zeitalter des Computers ist eine solche Berechnung für die Bank überhaupt kein Problem und in Sekundenschnelle machbar.

Bei einer solchen Regelung ist es natürlich für den Verkäufer von besonderem Interesse, gegenüber der Bank auch aus der Verpflichtung zur Tilgung der Schuld entlassen zu werden. Dies ist nur möglich, wenn die beiden Vertragsparteien mit Zustimmung der Bank eine so genannte befreiende Schuldübernahme vereinbaren.

Tipp: Bei einer befreienden Schuldübernahme müssen klare Absprachen mit der Bank des Käufers und des Verkäufers vor Unterzeichnung des notariellen Kaufvertrages geschlossen werden.

Die Haftung für Mängel

Genau wie beim Verkauf einer beweglichen Sache haftet der Verkäufer bei einem Grundstück für die Mangelfreiheit der verkauften Sache, also des Grundstückes.

Bei den Mängeln unterscheidet man zwischen Rechtsmängeln und Sachmängeln.

Die Gewährleistung bei Rechtsmängeln

Der Verkäufer haftet bei einem Grundstückskaufvertrag dem Käufer dafür, dass das Kaufgrundstück insbesondere frei von Rechten Dritter ist. Etwas anderes gilt natürlich dann, wenn der Käufer im notariellen Kaufvertrag die Rechte Dritter mit übernommen hat. Bei den Rechten Dritter unterscheidet man insbesondere die Hypotheken, die Reallasten, Wohnungsrechte und die sog. obligatorischen Rechte (z. B. Miete und Pacht). Soweit der Käufer bestehende Hypotheken oder Grundschulden nicht übernimmt, muss in dem notariellen Kaufvertrag eine Regelung dahingehend erfolgen, dass der Verkäufer diese Rechte bis zu einem ganz bestimmten Zeitpunkt auf seine Kosten löschen lässt. Nur in diesen Fällen ist es nämlich möglich, dass der Käufer das Grundstück tatsächlich auch lastenfrei übernimmt.

Beim Kauf eines bebauten Grundstückes ist auf Seiten des Käufers insbesondere zu beachten, ob der Verkäufer Miet- bzw. Pachtverträge bzgl. des Kaufobjektes abgeschlossen hat. Gem. § 571 BGB gilt nämlich der Grundsatz „Kauf bricht nicht Miete“. Vielmehr „tritt der Erwerber an Stelle des Vermieters in die sich während der Dauer seines Eigentums aus dem Mietverhältnis ergebenden Rechte und Verpflichtungen ein“. Das bedeutet, dass der vom Verkäufer geschlossene Mietvertrag bestehen bleibt, und der Käufer notfalls den Mietvertrag mit allen damit verbundenen Risiken kündigen muss und möglicherweise auch noch einen Räumungsprozess gegen den Mieter zu führen hat.

Tipp: Der Käufer muss bei den Rechten Dritter besonders aufpassen. Der Verkäufer haftet nämlich dann für Rechtsmängel gegenüber dem Käufer nicht, wenn der Käufer bei Abschluss des Kaufvertrages diese Rechtsmängel kannte.

Die Haftung für Sachmängel

Für Sachmängel haftet der Verkäufer nach den Vorschriften der §§ 459 ff. BGB. Er steht also dafür ein, dass das Grundstück bei Gefahrübergang (vgl. hierzu den Abschnitt „Die Gefahrübertragung ab S. 51) frei von Sachmängeln ist, es sei denn, der Käufer hatte Kenntnis von den Mängeln oder der Käufer hat grob fahrlässig die vorhandenen Sachmängel nicht erkannt. Etwas anderes gilt natürlich dann, wenn der Verkäufer die Mängel arglistig verschweigt.

Deutlich wird das z. B. dann, wenn der Käufer das Grundstück nach einer längeren Trockenperiode besichtigt und keinerlei Nässeschäden am Fundament erkennbar sind. Weist in solchen Fällen der Verkäufer nicht auf Nässeschäden bei Dauerregen hin, so handelt er arglistig und haftet für diese Mängel. Anders verhält es sich dann, wenn der Käufer selbst die Nässeschäden erkennt und meint, dass dies nicht so schlimm sei.

Etwas anderes gilt aber insoweit, dass der Verkäufer ohne Rücksicht auf Verschulden für alle Fehler des Grundstückes haftet, wenn diese den Wert oder die Tauglichkeit zu dem gewöhnlichen oder dem nach dem Vertrag vorausgesetzten Gebrauch aufheben oder erheblich mindert. Hier sind z. B. die Fälle zu nennen, dass das verkaufte Hausgrundstück Hausschwamm, Trockenfäule usw. aufweist.

In letzter Zeit ist besonders aktuell geworden, dass ein Grundstück mit so genannten Altlasten behaftet sein kann. Sei es, dass Asbest verbaut wurde, sei es, dass eine Reihenhaussiedlung auf einer ehemaligen Müllkippe errichtet oder dass ehemaliges Militärgelände als Baugebiet ausgewiesen wurde, in dem dann militärische Altlasten nachgewiesen werden – eindeutigen Umweltauflagen kann sich der Eigentümer mit dem Vermerken, dies sei für ihn nicht so schlimm, nicht entziehen. Da es nachträglich immer zu großen und kostspieligen Schwierigkeiten kommt, empfiehlt es sich, im Vertrag eine solche Altlastenfreiheit unbedingt aufzunehmen.

Der Verkäufer haftet aber auch für vertraglich zugesicherte Eigenschaften. Hier sind insbesondere die Grundstücksgröße, ein bestimmter Mietertrag, die Baureife des Grundstückes usw. zu nennen.

Tipp: Kommt es dem Käufer auf ganz bestimmte Eigenschaften eines Grundstücks an, so sollten diese Eigenschaften unbedingt als solche im Grundstückskaufvertrag aufgenommen werden.
Es empfiehlt sich auch, vor Unterzeichnung des notariellen Kaufvertrages dem Notar nochmals zu erklären, auf welche Eigenschaften der Käufer besonderen Wert legt. Der Notar hat nicht nur zu beraten, sondern haftet auch notfalls, wenn der Vertrag unvollständig ist.

Die Grenzen der Haftung

Besonders beim Verkauf gebrauchter Häuser und Eigentumswohnungen hat sich in der Praxis ein vertraglicher Ausschluss jeglicher Sachmängelansprüche herausgebildet. Eine solche Vertragsklausel ist insbesondere für den Verkäufer von unschätzbarem Wert. Aber auch der Käufer ist trotz einer solchen Generalklausel nicht ganz schutzlos. Die Grenzen für einen Gewährleistungsausschluss für Sachmängel sind nämlich in § 476 BGB geregelt. Danach wird der Verkäufer von der Haftung dann nicht befreit, wenn er die Mängel kannte und arglistig verschwiegen hat. Der Verkäufer muss im Rahmen der Verkaufsverhandlungen auf bestimmte Mängel hinweisen, wenn der Käufer nach der allgemeinen Verkehrsauffassung davon ausgehen kann, dass der Verkäufer eine Pflicht hat, über ganz bestimmte Umstände bzw. Mängel aufzuklären. Hier sind insbesondere die Fälle zu nennen, dass ein Käufer Umbaumaßnahmen an dem Kaufobjekt vornehmen will, und dies dem Verkäufer mitteilt, der Verkäufer jedoch z. B. weiß, dass wegen Denkmalsschutzvorschriften ein solcher Umbau überhaupt nicht möglich ist.

Die Übergabe des Grundstücks

Eine weitere sehr wichtige Regelung, die im Grundstückskaufvertrag zu treffen ist, berührt die Übergabe des Grundstücks. Damit ist nicht der Eigentumsübergang, der durch Eintragung im Grundbuch erfolgt, gemeint, sondern die tatsächliche Übergabe des Grundstückes beziehungsweise des bebauten Grundstücks. Man könnte auch sagen, es ist der Zeitpunkt,von dem an der Käufer das Grundstück tatsächlich in Besitz nimmt. Dieser Zeitpunkt ist deshalb so wichtig, weil damit für den Käufer nicht nur Vorteile, sondern unter Umständen auch Nachteile entstehen können.

Die Besitzübergabe

In einem Grundstückskaufvertrag ist in aller Regel die Formulierung enthalten: „Die Besitzübergabe erfolgt am ... bzw. zum ...“.

Handelt es sich z. B. um ein gebrauchtes Einfamilienhaus, so ist der Käufer ab diesem Zeitpunkt berechtigt, in dieses Haus einzuziehen. Ist dieses Grundstück hingegen vermietet oder verpachtet und soll dies auch nach Vertragsschluss so bleiben, so ist der Käufer mit dem Zeitpunkt der Besitzübergabe auch der Vermieter bzw. der Verpächter.

Die Gefahrübertragung

Mit einer Besitzübernahme des Kaufgrundstücks durch den Käufer stellt sich natürlich die Frage, was dann passiert, wenn nach Besitzübergabe das Grundstück sich z. B. durch Brand oder Hochwasser verschlechtert. Insoweit hat der Gesetzgeber in § 446 BGB geregelt, dass mit der Übergabe der verkauften Sache die Gefahr des zufälligen Untergangs und einer zufälligen Verschlechterung auf den Käufer übergeht. Dies gilt auch bei Grundstücken. Im Klartext bedeutet dies, dass der Käufer nach der Besitzübernahme auch dann den Kaufpreis zahlen müsste, wenn das Haus z. B. abbrennt und keine entsprechende Versicherung besteht. An diesem Beispiel wird deutlich, dass der Zeitpunkt der Besitzübergabe und der Zeitpunkt der Eigentumsübertragung möglichst nahe beieinander liegen sollten.

Obwohl dies in der Praxis seltener vorkommt, ist es natürlich auch möglich, in einem notariellen Kaufvertrag den Gefahrenübergang nicht nur im Sinne des Gesetzes festzuhalten, sondern in Ausnahmefällen auch davon eine abweichende Vereinbarung zu treffen. Die Regelung des § 446 BGB ist nämlich abdingbar, d.h. die Vertragsparteien können eine andere Regelung treffen. Bei einem Grundstückskaufvertrag muss natürlich eine Abweichung von § 446 BGB notariell beurkundet werden (§ 446 Abs. 2 BGB).

Tipp: Wenn die Besitzübergabe und die Eigentumsübertragung nicht zu ein und demselben Zeitpunkt erfolgen, empfiehlt es sich, genau zu hinterfragen bzw. zu prüfen, ob für das gekaufte Grundstück mit Haus eine Brandversicherung bzw. Katastrophenversicherung besteht. Wenn nicht, sollte sie möglichst bald abgeschlossen werden.

Der Übergang von Nutzen und Lasten

Mit der Besitzübergabe gehen nicht nur die Gefahren auf den Käufer über, sondern auch die Nutzen und Lasten, die sich aus dem gekauften Grundstück ergeben. Wie oben bereits erwähnt, gehen z. B. bei einem vermieteten Grundstück mit dem Zeitpunkt der Besitzübergabe auch die Mieteinnahmen auf den Käufer über.

Ein Kaufgrundstück bringt natürlich auch Lasten mit sich. Hier ist z. B. daran zu denken, dass Anliegergebühren, Stromrechnungen usw. anfallen. Ist in dem notariellen Kaufvertrag nichts anderes vereinbart, gehen mit der Besitzübergabe auch diese Lasten auf den Käufer über.

Es können aber auch öffentliche Lasten auf dem Grundstück ruhen. Hier ist besonders an die Erschließungsbeiträge zu denken, die nach § 134 Abs. 2 Baugesetzbuch (BauGB) ab dem Zeitpunkt ihrer Entstehung als öffentliche Last auf dem Grundstück ruht.

In einem notariellen Grundstückskaufvertrag sollte deshalb unbedingt auch eine Regelung darüber enthalten sein, ob solche Erschließungskosten bereits vom Verkäufer gezahlt worden sind oder ob sie noch anfallen können und wer diese öffentlichen Lasten zu zahlen hat.

Die behördlichen Genehmigungen

Was ist in Deutschland schon ohne die Genehmigung irgendeiner Behörde möglich? Auch beim Erwerb eines Grundstückes ist das nicht anders.

Nach dem Grundstücksverkehrsgesetz bedürfen Grundstückskaufverträge grundsätzlich einer behördlichen Genehmigung, wenn die Grundstücke im Geltungsbereich eines Bebauungsplanes liegen.

Um die Bürokratie jedoch nicht auf die Spitze zu treiben, sind Grundstücksverkäufe bis zu einer bestimmten Grundstücksfläche genehmigungsfrei. Beim Kauf eines mit einem Einfamilienhaus bebauten Grundstückes dürfte dies in aller Regel der Fall sein. Im übrigen muss der Notar in dieser Frage Erkundigungen einholen und die entsprechenden Genehmigungen beantragen, sodass der Käufer bzw. der Verkäufer sich nur in Ausnahmefällen darüber Gedanken zu machen braucht.

Anders verhält es sich natürlich dann, wenn nur ein Teil eines Grundstückes verkauft werden soll. Liegt dieses Grundstück im Geltungsbereich eines Bebauungsplanes, so bedarf es für den Verkauf bzw. die Teilung einer Teilungsgenehmigung. In diesen Fällen ist es ratsam, sich vor Unterzeichnung des notariellen Kaufvertrages bei der Gemeinde, in deren Gemarkung das betreffende Grundstück liegt, zu erkundigen, ob nicht eine Veränderungssperre seitens der Gemeinde erlassen worden ist.

Auch beim Erwerb eines Grundstückes von einer Kirchengemeinde ist daran zu denken, dass ein solcher Kaufvertrag solange schwebend unwirksam ist, bis die kirchenaufsichtsrechtliche Genehmigung vorliegt.

Letztlich ist an das öffentliche Vorkaufsrecht zu denken. Ein solches besteht zugunsten der jeweiligen Gemeinde immer dann, wenn das betreffende Grundstück im Geltungsbereich eines Bebauungsplanes, in Umlegungs- oder Sanierungsgebieten, im Geltungsbereich einer Erhaltungssatzung liegt.

Tipp: Obwohl es in der Praxis relativ selten vorkommt, dass bei Grundstücken, die mit einem Ein- oder Zweifamilienhaus bebaut sind, Gemeinden Ihr Vorkaufsrecht ausüben, sollte zumindest der Käufer sich vor intensiven Verkaufsverhandlungen mit dem Verkäufer bei der Gemeinde bzgl. dieses Vorkaufsrechtes erkundigen.

Das gesetzliche Vorkaufsrecht der Gemeinde ist in jedem Fall vom unterzeichnenden Notar zu beachten bzw. er hat auf dieses hinzuweisen. Im Übrigen muss der Notar dafür sorgen, dass die Gemeinde ein so genanntes Negativzeugnis darüber ausstellt, dass sie das Vorkaufsrecht nicht geltend macht.

Neben dem gesetzlichen Vorkaufsrecht ist auch ein privatrechtliches Vorkaufsrecht denkbar. So können z. B. der Verkäufer und ein Dritter vereinbart haben, dass der Verkäufer dem

Dritten ein Vorkaufsrecht einräumt. Haben Verkäufer und der Dritte ein solches Vorkaufsrecht nur schuldrechtlich vereinbart, so hat es gegenüber dem Käufer keine Wirkung. Anders verhält es sich allerdings dann, wenn ein solches privates Vorkaufsrecht im Grundbuch eingetragen worden ist.

Tipp: Vor intensiven Verkaufsverhandlungen empfiehlt sich daher ein Blick in das Grundbuch. Spätestens bei Unterzeichnung des notariellen Grundstücksvertrages hat allerdings der Notar auf ein solches im Grundbuch eingetragenes Vorkaufsrecht hinzuweisen.

Die Auflassung

Der Grundstückskaufvertrag, der bisher behandelt wurde, ist nur der schuldrechtliche Teil des Grundstückserwerbs. Wie bei beweglichen Sachen gehört zum Eigentumserwerb auch noch der dingliche Teil des Geschäftes.

Bei beweglichen Sachen erfolgt die Eigentumsverschaffung durch die Übergabe der Sache. Bei Grundstücken erfolgt der Eigentumswechsel durch Eintragung im Grundbuch. Beim Kauf einer Tüte Äpfel im Supermarkt beispielsweise sind schuldrechtlicher und dinglicher Teil des Geschäfts in einem Kaufakt verbunden. Die Kasse piepst, der Kunde zahlt und nimmt sich die Tüte Äpfel. Bei einem Grundstücksgeschäft ist die Sache schwieriger. Abgesehen davon, dass man ein Grundstück nicht einfach nehmen und forttragen kann – sonst wäre es ja keine Immobilie –, ist der dingliche Teil des Geschäfts, der Eigentumswechsel per Eintragung ins Grundbuch, schon aus verwaltungstechnischen Gründen vom schuldrechtlichen Teil, dem Abschluss eines notariellen Kaufvertrages, zeitlich getrennt. Theoretisch könnte der Verkäufer in dieser dazwischen liegenden Zeitspanne noch alles Mögliche mit dem Grundstück anstellen; aber auch dagegen gibt es natürlich eine Sicherheit.

Die Eintragung im Grundbuch setzt die so genannte Auflassung voraus. Unter einer Auflassung versteht man die Einigung der Vertragsparteien, dass das Eigentum an dem Grundstück vom Verkäufer auf den Käufer übergehen soll. Gesetzlich geregelt ist dies in den §§ 873, 925 BGB. Neben dem notariellen Kaufvertrag (also der Einigung) bedarf es noch eines gesonderten Vertrages bezüglich der Auflassung.

In der Praxis erfolgt die Auflassung zugleich im notariellen Kaufvertrag. Dies hat den Vorteil, dass keine gesonderte Gebühr beim Notar anfällt.

In einem notariellen Kaufvertrag wird deshalb in aller Regel ungefähr folgende Formulierung aufgenommen:

Auflassung
Die Vertragsparteien erklären die Auflassung wie folgt:

Wir sind uns darüber einig, dass das Eigentum an dem in § 1 dieses Vertrages bezeichneten Grundbesitz auf den Käufer .... übergeht.

Der Verkäufer bewilligt und der Käufer beantragt die Eintragung der Eigentumsänderung im Grundbuch.

Zugleich beantragt der Verkäufer die Löschung folgender eingetragener Belastungen:
....

Die Auflassungsvormerkung

In vielen Fällen empfiehlt sich zur Sicherung des Käufers zugleich eine so genannte **Auflassungsvormerkung**. Durch eine Auflassungsvormerkung wird gewissermaßen im Grundbuch noch vor der eigentlichen Eigentumsumschreibung dokumentiert, dass der Käufer mit dem Verkäufer einen Kaufvertrag über das Grundstück geschlossen hat. Der Verkäufer des Grundstücks kann nämlich nach dem notariellen Kaufvertrag, der ja nur der schuldrechtliche Teil des ganzen Geschäftes ist, das bereits an den Käufer verkaufte Grundstück auch noch an einen anderen Käufer verkaufen oder aber auch nur belasten. Er ist ja immer noch der Eigentümer des Grundstücks, weil er ja noch als solcher im Grundbuch eingetragen ist.

Außerdem könnten ja auch noch Gläubiger des Verkäufers mit Hilfe von Gerichtsentscheidungen ihre Ansprüche durch Eintragung eines Grundpfandrechtes sichern. Die Auflassungsvormerkung hindert zwar den Verkäufer nicht grundsätzlich daran, selbst nach dem notariellen Kaufvertrag über das Grundstück anderweitig zu verfügen. Ebenso könnten auch Gläubiger noch Grundpfandrechte eintragen lassen. Gegenüber dem Käufer, der durch eine Auflassungsvormerkung gesichert ist, sind die Eintragungen aber gewissermaßen unwirksam. Er kann nämlich von demjenigen, dessen Ansprüche erst nach der Auflassungsvormerkung eingetragen worden sind, die Löschung beantragen.

Die Auflassungsvormerkung ist also der wirksamste Schutz für den Käufer. Obwohl die Auflassungsvormerkung beim Notar keine zusätzlichen Kosten bzw. Gebühren erzeugt, löst sie jedoch Gerichtskosten aus. So ist die Eintragung und die Löschung der Auflassungsvormerkung vor Eintragung des Eigentumswechsels im Grundbuch bei Gericht kostenpflichtig.

Tipp: Eine Auflassungsvormerkung ist in den meisten Fällen empfehlenswert. Die relativ geringen Kosten dafür stehen in keinem Verhältnis zu dem Höchstmaß an Sicherheit, das der Käufer damit erfährt.

Die Kosten und Steuern

Beim Kauf eines Grundstückes fallen im Prinzip für den Käufer drei größere Kostenposten an, nämlich die Gerichtskosten für die Eintragung im Grundbuch, die Kosten des Notars und die Grunderwerbssteuer.

Außerdem ist in vielen Fällen die Einschaltung eines Maklers notwendig, um überhaupt ein Kaufobjekt zu finden. In diesen Fällen fallen dann auch noch in aller Regel die Maklerkosten an.

Die Gerichtskosten

Die Höhe der anfallenden **Gerichtskosten** ist in der Kostenordnung (KostO) geregelt. Ausgangspunkt für die Berechnung der Kosten ist grundsätzlich der Wert des Grundstücks, also der im Kaufvertrag vereinbarte Kaufpreis. Es fallen eine Eintragungsgebühr, eine so genannte Fortschreibungsgebühr und Auslagen für die Grundbuchauszüge an. Soll vor Umschreibung des Eigentums im Grundbuch zur Sicherung des Käufers eine Auflassungsvormerkung eingetragen werden, so muss diese auch noch vor dem Eigentumswechsel wieder gelöscht werden. Insoweit fällt eine weitere Gebühr an.

Beispiel einer Kostenberechnung bei einem Kaufpreis (Wert) von 300.000,– DM:

Eintragungsgebühr	560,– DM
Fortschreibungsgebühr	56,– DM
Grundbuchabschrift	
a) beglaubigt	35,– DM
b) unbeglaubigt	20,– DM
Auflassungsvormerkung	
a) für die Eintragung	280,– DM
b) für die Löschung	140,– DM

Die Notarkosten

Der Notar erhält für seine Tätigkeit Gebühren, deren Höhe sich ebenfalls nach dem Wert (Kaufpreis) und nicht etwa nach seinem Arbeitsaufwand richten.

Notarkosten sind nicht frei verhandelbar, sondern werden durch die Kostenordnung (KostO) gesetzlich geregelt. Für die Beurkundung des Vertrages erhält der Notar eine so genannte 20/10 Gebühr nach § 36 KostO. Damit sind in aller Regel alle Gebühren abgegolten.

Zusätzliche Gebühren entstehen natürlich dann, wenn der Notar ein Anderkonto führen soll und Termine und Zahlungen überwachen muss.

Schließlich stehen dem Notar auch noch Gebühren für Schreib- und Postauslagen zu.

Keine gesonderten Gebühren löst dagegen die Auflassungsvormerkung aus.

Auf der folgenden Seite ist ein Beispiel für die Kostennote eines Notars bei einem Geschäftswert (Kaufpreis) von 300.000,– DM mit Auflassung und Hebegebühren aufgeführt.

In diesem Musterfall betragen also die notwendigen Notarkosten für die Beurkundung des Kaufvertrages und die Beantragung der Eigentumsumschreibung im Grundbuch zirka 1.700,00 DM.

Die Hebegebühren, die bei der Führung eines Notaranderkontos entstehen können, betragen im obigen Musterfall zusätzlich zirka 1.120,00 DM.

Es lohnt sich deshalb auf jeden Fall, darüber nachzudenken, ob es tatsächlich notwendig ist, dass der Notar ein Anderkonto führt. Wie oben dargestellt, ist es ja auch möglich, dass die beteiligten Banken den Zahlungsverkehr intern vornehmen bzw. regeln.

Wert: 300.000,– DM

Gebühr gem. §§ 142, 32, 36 II KostO	1.120,00 DM
Gebühr gem. §§ 141, 32, 146 KostO	280,00 DM
(Einholung einer Löschungsbewilligung etc.)	
Auslagen gem. §§ 152, 136 KostO	50,00 DM
(Fotokopiekosten)	
Auslagen gem. §§ 152, 137 KostO	25,00 DM
(Portoauslagen)	
Zwischensumme	1.475,00 DM
16 Prozent MWSt	+ 236,00 DM
	= 1.711,00 DM

– Berechnung der Hebegebühren –

1. Auszahlung – 50.000,00 DM

Geb. gem. § 149 KostO aus 5.000,00 DM	50,00 DM
Geb. gem. § 149 KostO aus 15.000,00 DM	75,00 DM
Geb. gem. § 149 KostO aus 30.000,00 DM	75,00 DM

2. Auszahlung – 100.000,00 DM

Geb. gem. § 149 KostO aus 5.000,00 DM	50,00 DM
Geb. gem. § 149 KostO aus 15.000,00 DM	75,00 DM
Geb. gem. § 149 KostO aus 80.000,00 DM	200,00 DM

3. Auszahlung – 150.000,00 DM

Geb. gem. § 149 KostO aus 5.000,00 DM	50,00 DM
Geb. gem. § 149 KostO aus 15.000,00 DM	75,00 DM
Geb. gem. § 149 KostO aus 130.000,00 DM	325,00 DM
Zwischensumme	975,00 DM
16 Prozent MWSt	+ 156,00 DM
	= 1.131,00 DM

Neuer MWSt.-Satz ab 1. April 1998: 16 Prozent

Die Grunderwerbsteuer

Ein nicht unerheblicher Kostenfaktor ist die **Grunderwerbsteuer**, die der Käufer an das Finanzamt zu zahlen hat. Diese Steuer fällt bereits bei Abschluss des notariellen Kaufvertrages an und ist vor Eintragung des Eigentumswechsels im Grundbuch zu zahlen.

Generell beträgt die Grunderwerbsteuer 3,5 Prozent des Kaufpreises, der im notariellen Vertrag vereinbart ist. Grunderwerbsteuerfrei sind lediglich der Grunderwerb insbesondere in folgenden Fällen:

1. der Erwerb zu einem Kaufpreis unter 5.000,– DM
2. der Erwerb durch Erbfolge
3. der Erwerb durch einen Miterben, im Wege der Nachlaßteilung
4. der Erwerb durch Schenkung
5. der Erwerb durch einen Ehegatten (auch des geschiedenen) vom anderen Ehegatten
6. der Erwerb des Grundstücks durch Personen, die in gerader Linie verwandt sind

Beispiel für die Berechnung der anfallenden Grunderwerbsteuer:

Kaufpreis	300.000,– DM
Grunderwerbsteuer (3,5 Prozent)	10.500,– DM

Tipp: Auch wem Steuern grundsätzlich zu hoch sind: Es lohnt sich nicht, zu tricksen und einen niedrigen „Scheinkaufpreis" im notariellen Kaufvertrag aufzunehmen, um Steuern und Gebühren zu sparen. Wenn es zum Streit kommt, gilt ohnehin der echte Kaufpreis als Bemessungsgrundlage (§ 117 BGB). Außerdem könnte der Staatsanwalt einen Betrug vermuten.

Die Maklerkosten

Besonders in den Fällen, in denen ein „gebrauchtes Haus“ erworben werden soll, ist die Einschaltung eines Maklers sehr oft unumgänglich. Um es gleich vorwegzunehmen, ein guter und seriöser Makler ist durchaus die Provision wert. Ein Makler vermittelt gewerbsmäßig im eigenen Namen, aber auf fremde Rechnung Geschäfte über Grundstücke, gewerbliche Räume, Wohnungen u. a. Ein Makler bedarf für seine Tätigkeit eine Gewerbezulassung. Man unterscheidet zwischen den Nachweis- und den Vermittlungsmaklern. Der Nachweismakler erhält die Provision für den Nachweis der Gelegenheit zum Abschluss eines Vertrages. Der Vermittlungsmakler hingegen darf die Provision erst nach dem Zustandekommen des Vertrages fordern. Seriöse Grundstücksmakler schließen schriftliche Verträge und erhalten in aller Regel 3–4 Prozent vom Kaufpreis als Provision. Hinzu kommt noch die Mehrwertsteuer.

Kaufpreis		300.000,– DM
	Maklerprovision	10.500,– DM
	16 Prozent MWSt.	1.680,– DM
	an Makler zu zahlen	12.180,– DM

Tipp: Maklerprovisionen sind frei aushandelbar. Es ist auch möglich, dass der Verkäufer die Maklerkosten trägt. Einen nicht gerade seriösen Makler erkennt man an folgenden Sprüchen: „Die Interessenten stehen für dieses Objekt Schlange … Am liebsten würde ich selbst kaufen … Bei den Finanzierungsfragen kann ich Ihnen helfen, weil ich da besondere Beziehungen habe … Notfalls können Sie das Objekt mit Gewinn wieder verkaufen … Wegen der Steuerersparnisse ist die Belastung sehr niedrig … Ein Steuerberater hat in diesen Fragen doch nicht die große Ahnung …“ Brechen Sie die Verhandlungen ab, wenn Sie an einen solchen Makler geraten.

Die maximal zulässige Maklerprovision liegt bei 5,75 Prozent – sie kann also, bei einem Kaufpreis von 300.000,– DM, rund 20.000,– DM betragen.

Muster eines notariellen Grundstückskaufvertrages

Ein Kaufvertrag über ein bebautes Grundstück sieht im Prinzip immer gleich aus. Auf der nächsten Seite finden Sie ein Muster eines notariellen Grundstückskaufvertrages mit den entsprechenden Anmerkungen. Grundsätzlich gilt, wie auch bei den Fragen der Finanzierung, die in Kapitel 3 besprochen werden: Lassen Sie sich zu nichts drängen. Wenn auch der Vertragsrahmen im Prinzip immer gleich aussieht, so kann der Vertragsinhalt die eine oder andere Überraschung in sich bergen. Wenn Sie auf Details stoßen, die Ihrer Ansicht nach nicht oder nicht so verhandelt wurden, sollten Sie nachhaken und gegebenenfalls lieber einen Notartermin platzen lassen als sich auf rechtlich ungesichertes Terrain begeben.

Es gibt auch eine Möglichkeit, dass sich Verkäufer und Käufer beim Notar überhaupt nicht begegnen. Das könnte zum Beispiel dann der Fall sein, wenn Sie eine Person Ihres Vertrauens beauftragen, für Sie ein „Schnäppchen" zu machen. Dass Sie dabei einen sehr großen Vertrauensvorschuss ausreichen, versteht sich von selbst. In diesem Fall geben Sie einem Dritten eine notariell beglaubigte Vollmacht, für Sie ein Kaufangebot abzugeben, eine Auflassungsvormerkung zu beantragen usw. Die maximale Kaufpreishöhe sollte dabei fixiert sein. Der Verkäufer gibt seinerseits eine notariell beglaubigte Annahmeerklärung zu dem in Ihrem Namen gegebenen Kaufangebot, die dann ebenfalls die rechtliche Bindung eines Kaufvertrages hat.

Verhandelt

in/zu ______________________ **am** ______________________

Vor dem unterzeichneten Notar

....

erschien/en heute:

1. .... der Verkäufer
2. .... der Käufer

Sämtliche Anwesenden sind dem Notar persönlich bekannt.
oder
Die Erschienenen wiesen sich durch Vorlage ihres BPA
Nr. .... aus.

Nach Unterrichtung über den Grundbuchinhalt beurkunde ich auf Antrag der Beteiligten ihre Erklärungen wie folgt:

§ 1 Grundbuchbestand

Als Eigentümer des Grundbesitzes, eingetragen im Grundbuch des
Amtsgerichtes .... Band .... Blatt ....
Gemarkung .... Flur .... Flurstück ....
Straße................................, Hausnummer ....
Gebäude- u. Freifläche- Wohnen, ...
Größe .... qm.

In Abt. II ist eingetragen: ....

In Abt. III ist eingetragen: ....

*Für die **äußere Form** eines Grundstückskaufvertrages gibt es keine besonderen Vorschriften.*
*Jeder **Notar** hat im Grunde sein eigenes Vertragsmuster entwickelt und benutzt dies auch.*
Außerdem hat heute in den meisten Kanzleien der Computer Einzug gehalten. Ein Computerausdruck sieht natürlich etwas anders aus.
Inhaltlich bestehen allerdings kaum größere Unterschiede. Natürlich kommt es vor, dass der eine oder andere Notar seine Verträge in einer anderen Reihenfolge aufbaut.

Tipp: Denken Sie immer daran, dass der Notar eine Beratungs- bzw. Aufklärungspflicht hat. Er darf nur dann den Vertrag beurkunden, wenn er sich davon überzeugt hat, dass Sie auch alles verstanden haben. Also keine Angst vor Fragen. Lieber einmal mehr als einmal zu wenig fragen.

*Der **Grundbuchbestand** muss mit dem aktuellen Grundbuchauszug übereinstimmen. Der Notar muss sich selbst vom Inhalt des Grundbuchs überzeugen oder im Vertrag niederlegen, dass er das Grundbuch nicht eingesehen hat.*
Auf den Seiten 90 ff. ist ein Originalgrundbuchauszug abgebildet.

Tipp: Vergleichen Sie vor Unterzeichnung lieber nochmals selbst, ob der tatsächliche Grundbuchbestand mit dem im Vertrag übereinstimmt.

§ 2 Kauf

....

.... – nachfolgend „Verkäufer" genannt –

verkauft an

....

.... – nachfolgend „Käufer" genannt –

den in § 1 genannten Grundbesitz mit allen Bestandteilen, Rechten und dem Zubehör, insbesondere mit den aufstehenden Gebäuden
(und Ausstattungsgegenständen/Inventar gemäß Anlage I).

§ 3 Vormerkung/Auflassung

1. Zur Sicherung des Anspruchs des Käufers auf Übertragung des Eigentums als Berechtigter bewilligt der Verkäufer und beantragt der Käufer die Eintragung einer entsprechenden Vormerkung gem. § 883 BGB im Grundbuch.
2. Die Vertragsparteien sind sich über den in § 3 (Kauf) Eigentumsübergang an dem in § 1 (Grundbuchbestand) bezeichneten Grundstück einig und bewilligen und beantragen die Eintragung der Rechtsänderung im Grundbuch.
3. Der Notar soll den Eintragungsantrag stellen.
4. Für den Fall der Eintragung der Eigentumsänderung und auf diesen Zeitpunkt bewilligt und beantragt der Käufer die Löschung der Vormerkung, vorausgesetzt, dass Zwischeneintragungen ohne Zustimmung des Käufers nicht erfolgt sind.

➤ *Dieser Passus wird auch oft mit* ***„Kaufvertrag“*** *überschrieben. Es ist* ***der eigentliche Kaufvertrag****, den der Verkäufer und der Käufer schließen. Juristen sprechen insoweit vom schuldrechtlichen Grundstückskaufvertrag.*
In Anlagen kann alles das aufgelistet werden, was nicht untrennbar mit dem Grundstück verbunden ist, aber mitverkauft werden soll. Man spricht insoweit auch vom mitverkauften Zubehör.

➤ *Unter* ***Ziffer 1*** *ist eine* ***Vormerkung*** *auf Übertragung des Eigentums nebst* ***Auflassung*** *für den Käufer normiert. Damit ist der Käufer für die Zeit zwischen Kaufvertrag und Eintragung im Grundbuch gesichert.*
Bei ***Ziffer 2*** *handelt es sich um die eigentliche Auflassung im Sinne von § 925 BGB (Siehe näheres auf Seite 55 ff. und im Glossar).*
Sobald der ***Eigentumswechsel*** *im Grundbuch erfolgt, ist die Auflassungsvormerkung der Ziffer 1 nicht mehr erforderlich. Um nicht erneut zum Notar gehen zu müssen, wird also zugleich die Löschung vereinbart.*

§ 4 Besitz-, Lasten- und Nutzungsübergang

1. Besitz, Nutzen und Gefahren gehen am .... auf den Käufer über. Die öffentlichen Lasten und Abgaben gehen am .... auf den Käufer über.
2. An dem Grundbesitz bestehen folgende Mietverträge/ Nutzungsrechte Dritter.
   oder
   Der Verkäufer versichert, dass an dem verkauften Grundbesitz keine Mietverhältnisse oder Nutzungsrechte Dritter bestehen.
3. Grundstück und Gebäude werden in dem Zustand übergeben, in dem sie sich bei Vertragsschluss befinden.

§ 5 Kaufpreis/Fälligkeit

1. Der Kaufpreis beträgt .... DM
   (in Worten ....)
2. Der Kaufpreis ist wie folgt zu zahlen:
   ....
3. Der Notar darf die Eigentumsumschreibung erst beantragen, wenn ihm zuvor schriftlich die Zahlung des Kaufpreises nachgewiesen worden ist.
4. Für den Fall der Zahlungsfristüberschreitung ist der Kaufpreis – unbeschadet weitergehender Rechte des Verkäufers – mit .... Prozent p.a. zu verzinsen.

§ 6 Zwangsvollstreckungsunterwerfung/ Rücktrittsrecht

1. Der Käufer unterwirft sich wegen seiner in dieser Urkunde eingegangenen Zahlungsverpflichtungen der sofortigen Zwangsvollstreckung in sein gesamtes Vermögen.
2. Die gesetzlichen Rücktrittsrechte des Verkäufers bleiben trotz der in dieser Urkunde erklärten Auflassung bestehen.

*Bei der Vereinbarung über den **Besitz-, Lasten- und Nutzungsübergang** muss man besonders gut aufpassen.*
Es geht dabei nicht unbedingt um juristische Fragen, sondern um kaufmännische Details. Wann kann der Käufer einziehen und ab wann muss er für die laufenden Kosten des Grundstücks aufkommen? Verzögerungen begründen Schadensersatzansprüche an den Verkäufer.

*Bei der Regelung über den **Kaufpreis** muss der Käufer aus kaufmännischer Sicht noch mehr aufpassen, als bei der Regelung der Besitzübergabe.*
Unter diesem Vertragspassus wird auch oft noch die Übernahme von Grundstücksbelastungen (Grundschulden und Hypotheken) geregelt.

Tipp: Als Käufer sollte man auf möglichst niedrige Verzugszinsen (Ziffer 4) achten. Zu Zahlungsschwierigkeiten kann es immer einmal kommen.

*Die Unterwerfung unter die **sofortige Zwangsvollstreckung** wird der Käufer selten verhindern können, wenn der Verkäufer (zu seinem Schutz) darauf besteht.*

Tipp: Wenn niemand von der Zwangsvollstreckungsklausel spricht, soll der Käufer nicht von sich aus dieses Problem ansprechen.

§ 7 Gewährleistung/Belastung

1. Soweit in dieser Urkunde nichts anderes vereinbart ist, haftet der Verkäufer für den ungehinderten und lastenfreien Besitz- und Eigentumsübergang. Eine weitergehende Haftung des Verkäufers besteht nicht.
2. Der Verkäufer versichert, dass alle Erschließungsanlagen, für die der Eigentümer des Grundstücks haftet, bezahlt sind.
3. Der Verkäufer sichert zu, dass ihm bezüglich des Grundstücks keine Altlasten bekannt sind, und dass das Gebäude frei von Schwamm und Holzkrankheiten ist.

§ 8 Vollzug

Die Vertragsparteien beauftragen und bevollmächtigen den Notar,

a) alle Anträge und Erklärungen abzugeben, die zum Vollzug dieser Urkunde im Grundbuch zweckdienlich sind,
b) alle zum Vollzug dieses Vertrages erforderlichen Genehmigungen und Zeugnisse zu beantragen und entgegenzunehmen, insbesondere eine Erklärung der Gemeinde bezüglich des gesetzlichen Vorkaufsrechtes einzuholen,
c) den Vollzug der Urkunde zu besorgen.

§ 9 Ehegattenzustimmung

Die Vertragspartei, die im gesetzlichen Güterstand der Zugewinngemeinschaft lebt, versichert, mit diesem Vertrag nicht über ihr gesamtes Vermögen verfügt zu haben.

§ 10 Kosten/Steuern

1. Die Kosten dieses Vertrages, seiner Ausfertigung und des Vollzugs und die anfallenden Grunderwerbsteuern trägt der Käufer.
2. Die Kosten für die Löschung eingetragener Rechte trägt der Verkäufer.

Die Sicherstellung der Rentenzahlung

Der Verkäufer des Grundstücks und somit der Rentenberechtigte hat natürlich ein Interesse daran, dass er bezüglich der Rentenzahlungen abgesichert ist. Eine Sicherung erfolgt in aller Regel durch Eintragung einer Reallast im Grundbuch. Näheres zur Reallast siehe unten Seite 86.

Folgen der Nichtzahlung der Rente

Ganz wichtig ist auch eine Einigung für den Fall, dass der Käufer die vereinbarte Rente nicht zahlt. Insbesondere gibt es folgende Möglichkeiten, die von den Parteien im notariellen Vertrag geregelt werden können:

a) Der Käufer kann sich wegen der Rentenzahlung der sofortigen Zwangsvollstreckung in das Grundstück unterwerfen. Das ist aber nur wegen eines festen Rentenbetrages möglich, sodass eventuelle Rentenerhöhungen durch Wertsicherungsklauseln nicht der sofortigen Zwangsvollstreckung unterliegen.

b) Der Käufer kann sich auch hinsichtlich der Reallast der sofortigen Zwangsvollstreckung unterwerfen. Veräußert der Käufer das Grundstück allerdings weiter, so muss der Verkäufer vor der Vollstreckung eine so genannte Umschreibung des Vollstreckungstitels auf den neuen Eigentümer beantragen.

c) Für den Fall der Nichtzahlung der Rente können die Parteien auch ein Rücktrittsrecht für den Verkäufer im notariellen Vertrag vereinbaren. In diesem Fall müssen dann aber auch die Folgen des Rücktritts genau vereinbart werden.

Eine Nichtzahlung bzw. das nicht rechtzeitige Zahlen der Rente hat eine Verzinsung mit dem gesetzlichen Zinssatz von 4 Prozent zur Folge (§ 288 BGB). Weiterhin ist zu beachten, dass Ansprüche auf rückständige Renten nach 4 Jahren verjähren (§ 197 BGB).

Der Erwerb durch Zwangsversteigerung

Der Erwerb eines Grundstücks im Rahmen einer Zwangsversteigerung kann eine echte Alternative zum Kauf sein. Zum einen hat das Gericht durch Einholung eines Sachverständigengutachtens ziemlich genau den Wert des zu versteigernden Grundstücks festgestellt. Zum anderen kann man mit etwas Glück ein richtiges Schnäppchen machen.

Die Zwangsversteigerung eines Grundstücks findet immer dann statt, wenn der Grundstückseigentümer als Schuldner seine Gläubiger nicht mehr befriedigen kann. Es kommt aber auch häufig vor, dass eine Zwangsversteigerung zum Zwecke der Auseinandersetzung erfolgt (z. B. wenn sich geschiedene Eheleute nicht über den Grundbesitz einigen können).

In jedem Fall findet die Zwangsversteigerung eines Grundstücks immer vor dem Amtsgericht, in dessen Bezirk das Grundstück liegt, statt. In manchen Bundesländern ist es aber auch möglich, dass für mehrere Amtsgerichtsbezirke ein bestimmtes Amtsgericht für die Zwangsversteigerung zuständig ist. Ein Interessent kann auf unterschiedliche Weise von Zwangsversteigerungen Kenntnis erlangen. Zum einen bei den Amtsgerichten selbst, zum anderen in der lokalen Tagespresse. Außerdem bieten bestimmte Fachverlage regional sortierte Zwangsversteigerungskataloge an.

Der Ablauf eines Zwangsversteigerungsverfahrens ist im Zwangsversteigerungsgesetz (ZVG) geregelt. Wer ein Grundstück ersteigern will, sollte die wichtigsten Verfahrensgrundsätze kennen, um keine Fehler zu machen.

Bevor man sich mit dem Ablauf des Zwangsversteigerungsverfahrens beschäftigt, muss man noch über die am Verfahren Beteiligten und über die Rangordnung der Rechte Bescheid wissen.

Die Beteiligten am Zwangsversteigerungsverfahren

An einem solchen Verfahren sind gemäß § 9 ZVG auf jeden Fall der die Zwangsversteigerung betreibende Gläubiger und der Eigentümer des Grundstücks als Schuldner beteiligt.

Weiterhin sind diejenigen, für die ein Recht im Grundbuch eingetragen ist, als die dinglich Berechtigten beteiligt. Aber auch diejenigen, die ein der Zwangsversteigerung entgegenstehendes Recht geltend machen können, sind an dem Verfahren beteiligt. Hier ist z. B. an die Lieferanten zu denken, die Zubehörstücke unter Eigentumsvorbehalt geliefert haben.

Letztlich sind aber auch die Mieter und Pächter des zu versteigernden Grundstücks am Verfahren beteiligt. Anders als beim Verkauf des vermieteten oder verpachteten Grundstücks, kann der Ersteher unter Einhaltung der gesetzlichen Kündigungsfristen die Miet- und Pachtverhältnisse kündigen. Besonders bei einem Haus, in das der Ersteher selbst einziehen will, ist das von besonderer Wichtigkeit. Soweit der frühere Eigentümer das Haus selbst bewohnt hat, entstehen für den Erwerber keine größeren Schwierigkeiten, weil der Zuschlagsbeschluss nach § 93 Zwangsversteigerungsgesetz (ZVG) zugleich ein Räumungstitel gegen den früheren Eigentümer ist.

Die Rangklassen der Berechtigten

Diese sind bei der Versteigerung wegen der Befriedigung der einzelnen Gläubiger besonders wichtig. Die Rangfolge, nach der die Gläubiger zu befriedigen sind, regeln die §§ 10–12 ZVG. Danach gibt es 8 Rangklassen. Diese Bestimmungen bilden auch die Grundlage für die Feststellung des geringsten Gebotes. Dabei ist das Verhältnis der Rangklassen derart geregelt, dass die Ansprüche eines Gläubigers einer niedrigeren Rangklasse immer erst dann befriedigt werden, wenn alle Ansprüche der höheren Klassen befriedigt sind.

Der Ablauf des Zwangsversteigerungsverfahrens

Zunächst muss ein Gläubiger einen Antrag auf Zwangsversteigerung stellen, damit das Verfahren überhaupt in Gang kommt. Von der Antragstellung erfährt „die Öffentlichkeit" zunächst einmal noch nichts.

Wenn der Rechtspfleger die Zulässigkeit des Antrages festgestellt hat, erlässt er einen Anordnungsbeschluss. Zugleich wird das Grundbuchamt um Eintragung der Anordnung der Zwangsversteigerung ersucht. Nach der Eintragung kann der Eigentümer mit dem Grundstück nicht mehr „machen, was er will", das mit der Zwangsversteigerungsanordnung eingetretene Veräußerungsverbot (§§ 23 ff. ZVG) berührt den öffentlichen Glauben des Grundbuchs.

Als nächstes setzt der Rechtspfleger den Wert des zu versteigernden Grundstücks fest. In aller Regel erfolgt die Wertfestsetzung nach Einholung eines Sachverständigengutachtens. Die Wertfestsetzung dient vornehmlich der Berechnung der Versteigerungsgrenze und der 7/10-Grenze.

Nach der Wertfestsetzung bestimmt das Vollstreckungsgericht einen Versteigerungstermin. Die Terminbestimmung enthält unter anderem die Bezeichnung des Grundstücks, Zeit und Ort des Versteigerungstermins und meist den vom Gericht ermittelten Verkehrswert des Grundstücks. Letztlich erfolgt meist auch noch der Hinweis, dass Bieter mit der Zahlung einer Sicherheit in Höhe von 10 Prozent ihres Bargebotes rechnen müssen.

Dieser Beschluss wird in aller Regel in der örtlichen Presse veröffentlicht und muss an der Gerichtstafel angeheftet werden.

Wer also ein Grundstück ersteigern will, erfährt von der Zwangsversteigerung erstmals durch die Presse. Es sei denn, er geht regelmäßig in das Amtsgericht und studiert dort die Gerichtstafel.

ACHTUNG

Findige „Makler“ haben hier eine Marktlücke entdeckt und bieten per Inserat günstige Grundstücke aus der Zwangsversteigerung an. Im Grunde tun sie aber nichts anderes als jeder andere Zeitungsleser auch. Wer auf solch ein Inserat hereinfällt und sich von diesem „Makler“ näher informieren lässt, schuldet diesem im Falle einer späteren Ersteigerung eine Nachweisprovision.

Wie oben dargestellt, kann man aus dem veröffentlichten Beschluss des Gerichtes schon eine Menge wichtiger Daten erfahren.

Wer aber ein Grundstück ersteigern will, sollte sich auf der Geschäftsstelle das Wertgutachten zur Einsicht vorlegen lassen. Nur aus diesem Gutachten können verlässliche Daten über das Grundstück in Erfahrung gebracht werden.

Tipp: Bringen Sie bei der Einsichtnahme auf der Geschäftsstelle durch Nachfrage in Erfahrung, welche Bank erstrangig befriedigt werden muss. Ein Gespräch mit dem zuständigen Sachbearbeiter bei der Bank lohnt bestimmt. Vielleicht hat ja die Bank Interesse daran, dass gerade Sie das Grundstück ersteigern, weil Sie bei dieser Bank Ihre Finanzierung machen. Wenn das der Fall sein sollte, ist diese Bank tatsächlich Ihr Freund und Helfer im Zwangsversteigerungsverfahren.

Auf den beiden folgenden Seiten ist das originalgetreue Muster eines Beschlusses zur Bestimmung eines Zwangsversteigerungstermins abgebildet, wie er an der Gerichtstafel jedes zuständigen deutschen Amtsgerichts aushängen könnte.

Amtsgericht Neustadt

K 12/96 — Geschäftsnummer bitte stets angeben!

Datum 14.12.1996

Beschluss

Folgendes Grundeigentum

eingetragen im Grundbuch von	Bezirk	Band	Blatt
Neustadt	--	11	234

(nähere Bezeichnung)

Flur 2 FlSt. 3/4, Gebäude- und Freifläche-Wohnen,
Hauptstraße 12 = 13,45 ar

soll am

Wochentag und Datum	Uhrzeit	Raum	Stock (E=Erdgeschoss)	im Gerichtsgebäude
Donnerstag, 5. Mai 1997	10.00	111	I.	Neustadt

[x] durch Zwangsvollstreckung versteigert werden.

[ ] zur Aufhebung der Gemeinschaft versteigert werden.

Muster eines Beschlusses – Versteigerungstermin

Eingetragener Eigentümer am .... 01.12.1996 (Tag der Eintragung des Versteigerungsvermerks)

a) Heinrich **M u s t e r**

b) Karin **M u s t e r** geb. Schön

beide Neustadt

- zu je 1/2 -

Ist ein Recht im Grundbuch nicht oder erst nach dem Versteigerungsvermerk eingetragen, muß der Berechtigte es anmelden, bevor das Gericht im Versteigerungstermin zum Bieten auffordert, und auch glaubhaft machen, wenn der Gläubiger widerspricht. Sonst wird das Recht im geringsten Gebot nicht berücksichtigt und erst nach dem Anspruch der Gläubiger und den übrigen Rechten befriedigt.

Es ist zweckmäßig, zwei Wochen vor dem Termin eine Berechnung der Ansprüche -getrennt nach Hauptbetrag, Zinsen und Kosten- einzureichen und den beanspruchten Rang mitzuteilen.
Der Berechtigte kann dies auch zur Niederschrift der Geschäftsstelle erklären.

Wer berechtigt ist, die Versteigerung des Grundeigentums oder seines Zubehörs (§ 55 ZVG) zu verhindern, kann das Verfahren aufheben oder einstweilen einstellen lassen, bevor das Gericht den Zuschlag erteilt. Versäumt er dies, tritt für ihn der Versteigerungserlös anstelle des Grundeigentums oder seines Zubehörs.

Der Wert des Grundeigentums ist gemäß § 74a Abs. 5 ZVG festgesetzt auf

DM		Bezeichnung des Grundstücks
300.000,--	für	
	für	
	für	
	für	

Müller

Rechtspfleger

Der Ablauf des „eigentlichen" Versteigerungstermines

Der Versteigerungstermin ist öffentlich und wird von einem Rechtspfleger geleitet. Es werden zunächst das Grundstück, die betreibenden Gläubiger und ihre Ansprüche, die Zeit der Beschlagnahme, der Wertfestsetzungsbeschluss und die erfolgten Anmeldungen vom Rechtspfleger bekannt gemacht.

Danach stellt der Rechtspfleger nach Anhörung der Anwesenden das geringste Gebot fest und fordert zur Abgabe von Geboten auf.

Zwischen der Aufforderung zur Abgabe von Geboten und der Schließung der Versteigerung muss mindestens eine Stunde liegen.

Nach Schließung der Versteigerung verhandelt der Rechtspfleger mit den Beteiligten über den Zuschlag. Der Zuschlag wird dem Meistbietenden entweder im Versteigerungstermin oder in einem gesondert angesetzten Termin erteilt.

Zu versagen ist der Zuschlag dann, wenn weniger als 50 Prozent des Grundstückswertes geboten sind. Liegt das höchste Gebot unter dem Mindestgebot von 7/10 des Grundstückswertes, so ist der Zuschlag auf Antrag des Berechtigten, dessen Anspruch durch das Meistgebot nicht gedeckt ist, ebenfalls zu versagen.

Nach der Erteilung des Zuschlages wird ein Verteilungstermin bestimmt. Die Terminierung ist den Beteiligten und dem Ersteher zuzustellen und wird in aller Regel an der Gerichtstafel veröffentlicht.

Im Verteilungstermin hat der Ersteher den von ihm zu entrichtenden Teil in barem Geld zu zahlen. Nach Anhörung der Beteiligten erstellt der Rechtspfleger einen Verteilungsplan und zahlt nach Rechtskraft des Verteilungsplanes die entsprechenden Beträge aus.

Wer also clever ist, kann das Grundstück zum „Preise“ von 7/10 des tatsächlichen Wertes ersteigern. Bei einem Verkehrswert von 300.000,– DM sind das immerhin nur 210.000,– DM. Also eine Ersparnis von 90.000,– DM.

Eines sollte man aber bei der Ersteigerung eines Grundstücks immer bedenken. Wer den Bietungsbetrag nicht in bar zahlen kann, muss rechtzeitig mit der finanzierenden Bank Kontakt aufnehmen. Ohne Bank läuft gar nichts. Außerdem muss man daran denken, dass kein Notar mit Beratungspflicht eingeschaltet ist.

Bei der Zwangsversteigerung erfolgt der Eigentumswechsel mit dem Zuschlagsbeschluss des Gerichtes. Mitversteigert sind alle wesentlichen Bestandteile und das gesamte Zubehör des Grundstücks. Gewährleistungsansprüche gibt es grundsätzlich nicht.

Wohnt der Schuldner noch im ersteigerten Haus und zieht er nicht sofort aus, so kann der Ersteher mit Hilfe des Zuschlagsbeschlusses die Räumung betreiben. Der Zuschlagsbeschluss ist nämlich zugleich ein vollstreckbarer Räumungstitel gegen den früheren Eigentümer.

Tipp: Wenn Sie ernsthaft die Ersteigerung eines Grundstücks in Betracht ziehen, sprechen Sie einfach einmal mit dem zuständigen Rechtspfleger oder dem Rechtspfleger der Rechtsantragstelle. Diese Auskunft ist kostenlos. Außerdem verfügen diese Rechtspfleger in aller Regel über mehr Detailkenntnisse von dieser speziellen Rechtsproblematik als die Richter und die Anwälte.

Die Eintragung *im* Grundbuch

Wie oben bereits erwähnt, erfolgt der Eigentumswechsel bei einem Grundstücksverkauf erst mit der Eintragung des Käufers als neuem Eigentümer im Grundbuch. Im Grundbuch werden aber nicht nur der Eigentümer, sondern auch Lasten und Beschränkungen des Grundstücks und die so genannten Grundpfandrechte eingetragen.

Die dinglichen Belastungen

Wenn sich der Eigentümer eines Grundstücks nicht nur schuldrechtlich verpflichten will, so kann er wegen einer solchen Verpflichtung auch sein Grundstück belasten. Eine solche Last ruht dann gewissermaßen auf dem Grundstück. Wenn das Grundstück also für die Verpflichtungen des Eigentümers haften soll, so müssen sich solche Lasten aus dem Grundbuch ergeben. Deshalb spricht man ja auch von den dinglichen Belastungen. Die häufigsten dinglichen Belastungen sind nachfolgend erläutert.

Mit einer **Grunddienstbarkeit** kann ein Grundstück zugunsten des jeweiligen Eigentümers eines anderen Grundstücks in der Weise belastet werden, dass dieser das belastete Grundstück in bestimmten einzelnen Beziehungen benutzen (z. B. Wegerechte, Weiderechte oder Verlegung von Leitungen) darf. Es ist auch möglich, dass der Eigentümer des belasteten Grundstücks auf Grund der Dienstbarkeit bestimmte Handlungen nicht vornehmen darf (z. B. Bebauungsverbote).

Bei einem **Nießbrauch** handelt es sich um das Recht, aus der belasteten Sache die Nutzungen zu ziehen, § 1030 BGB. Der häufigste Fall des Nießbrauchs an einem Grundstück ist das Wohnungsrecht. Der Nießbraucher ist danach berechtigt, das Grundstück zu Wohnzwecken zu nutzen. Eine weitergehende Nutzung oder gar die Veräußerung des Grundstücks ist also ausgeschlossen.

Ein Grundstück kann auch derart belastet werden, dass derjenige, zu dessen Gunsten die Belastung erfolgt, berechtigt ist, das Grundstück in einzelnen Beziehungen zu benutzen, § 1090 BGB. In solchen Fällen spricht man von einer **beschränkten persönlichen Dienstbarkeit**, weil die Belastung des Grundstücks zugunsten einer ganz bestimmten Person besteht. So kann z. B. jemand auf Grund einer solchen beschränkten persönlichen Dienstbarkeit berechtigt sein, seinen Pkw auf dem Grundstück eines anderen an einer bestimmten Stelle abstellen zu dürfen.

Zu den dinglichen Belastungen gehört auch das im Grundbuch eintragbare **Vorkaufsrecht** für einen Dritten. Damit genießt der eingetragene Berechtigte das Vorrecht, vor allen anderen das Grundstück vom eingetragenen Eigentümer zu erwerben.

Bei einer **Reallast** sind aus dem Grundstück an den Berechtigten wiederkehrende Leistungen zu erbringen. Sie verleiht kein unmittelbares Nutzungsrecht des Grundstücks. Das Grundstück haftet aber für die Leistung (z. B. Naturalien oder Geldzahlungen) durch den Eigentümer. Eine ganz typische Reallast ist das so genannte Altenteil.

Die wohl bekannteste dingliche Belastung eines Grundstücks ist die **Hypothek**. Bei einer Hypothek wird ein Grundstück derart belastet, dass aus dem Grundstück an den Berechtigten eine Geldsumme zur Befriedigung seiner Forderung zu zahlen ist, § 1113 BGB. Der Bestand der Hypothek ist vom Bestand der Forderung abhängig. Diese Abhängigkeit nennt man Akzessorietät. Der Hypothekengläubiger und der Gläubiger der Forderung können danach niemals zwei verschiedene Personen sein. Der Hypothekengläubiger ist also stets identisch mit dem Forderungsgläubiger. Erlischt die Forderung (z. B. durch Erfüllung), so geht die Hypothek auf den Eigentümer über. Sie wird zur *Eigentümerhypothek.* Ist ein Hypothekenbrief erteilt worden, so spricht man von einer *Briefhypothek.* Anderenfalls handelt es sich um eine *Buchhypothek.* Besondere Arten der Hypothek sind noch die *Sicherungshypothek* und die *Höchstbetragshypothek.* Bei der Sicherungshypothek muss der Gläubiger die Forderung nachweisen und kann sich nicht auf die Eintragung im Grundbuch (öffentlicher Glaube des Grundbuchs) berufen. Die Sicherungshypothek ist nur als Buchhypothek möglich. Ist der Forderungsbetrag nicht bestimmt, sondern nur der Höchstbetrag, bis zu welchem das Grundstück haften soll, so spricht man von einer *Höchstbetragshypothek.* In der Praxis hat heute die Grundschuld die Hypothek weitgehendst verdrängt. Bedeutung hat im Prinzip nur noch die Bauhandwerkersicherungshypothek (Sicherungshypothek). Damit sichern die Bauhandwerker ihre Rechte gegenüber dem Bauherren.

Die heute übliche Form der Sicherung eines Gläubigers ist die **Grundschuld**. Bei einer Grundschuld wird ein Grundstück derart belastet, dass an denjenigen, zu dessen Gunsten die Belastung erfolgt, eine bestimmte Geldsumme aus dem Grundstück zu zahlen ist, § 1191 BGB. Damit erfolgt also eine abstrakte Belastung des Grundstücks. Bei einer Grundschuld ist die Belastung unabhängig vom Bestand der Forderung. Sie ist also nicht akzessorisch und unterscheidet sich dadurch von der Hypothek. Man unterscheidet wie bei der Hypothek zwischen einer *Briefgrundschuld* und einer *Buchgrundschuld.* Allerdings kann der Eigentümer auch sofort für sich eine *Eigentümergrundschuld* eintragen lassen.

Das Grundbuch

Das formelle Liegenschaftsrecht ist in der Grundbuchordnung (GBO), die noch aus dem Jahre 1897 stammt, geregelt. Danach ist die Führung der Grundbücher den Grundbuchämtern übertragen. Mit Ausnahme von Baden-Württemberg werden die Grundbücher bei den Amtsgerichten geführt. In Baden-Württemberg besteht in jeder Gemeinde ein staatliches Grundbuchamt, das von einem im Landesdienst stehenden Notar geführt wird.

Für jedes Grundstück wird ein besonderes Grundbuch in Form eines Grundbuchblattes angelegt. Das Grundbuchblatt besteht aus folgenden Teilen:

1. **Der Aufschrift**.
   Hier ist das Amtsgericht, der Grundbuchbezirk, die Band- und Blattnummer angegeben.

2. **Dem Bestandsverzeichnis**.
   Dieses enthält nähere Angaben über das Grundstück,
   wie Gemarkung, Flur, Flurstück, Größe usw.

3. **Den drei Abteilungen**:
   Abteilung I – Dieses Blatt ist rosafarben und enthält Angaben zum Eigentümer und den Grund des Erwerbs.
   Abteilung II – Dieses Blatt ist gelb und enthält die Lasten und Beschränkungen, (z. B. Dienstbarkeiten, Vorkaufsrechte, Vermerke bezüglich Zwangsversteigerung oder Zwangsverwaltung).
   Abteilung III – Die Farbe dieses Blattes ist grün und enthält die Belastungen mit den Grundpfandrechten.

Die Eintragungen auf dem Grundbuchblatt sind auf das Notwendigste beschränkt. Deshalb gehört zu jedem Grundbuchblatt auch noch die ganz wichtige Grundakte. In dieser Grundakte sind alle Verträge usw. enthalten.

Das Grundbuch kann von jedem, der ein berechtigtes Interesse nachweist, eingesehen werden, so bestimmt es § 12 GBO. Das Grundbuchamt hat auch gebührenpflichtige Abschriften zu erstellen. Das klingt gut, ist aber in der Praxis etwas anders. Die Geschäftsstellenbeamten legen strenge Maßstäbe an das berechtigte Interesse. Wenn sie das nicht tun würden, könnten sie sich vor neugierigen Nachbarn nicht retten.

Tipp: Lassen Sie sich vom Verkäufer schriftlich bestätigen, dass Sie mit ihm in Verkaufsverhandlungen stehen und deshalb zur Grundbucheinsicht berechtigt sind.

Notare allerdings erhalten ohne Darlegung eines berechtigten Interesses Einsicht in die Grundbücher. Man unterstellt einfach, dass Notare nicht ihre private Neugierde befriedigen, sondern aus dienstlichen Gründen Einsicht nehmen.

Die Eintragungen in das Grundbuch

Eintragungen im Grundbuch werden nur unter ganz bestimmten Voraussetzungen vorgenommen. Das Grundbuch genießt nämlich, wie erwähnt, öffentlichen Glauben. Alles was im Grundbuch steht, gilt als richtig.

Voraussetzungen für eine Eintragung im Grundbuch sind der Eintragungsantrag, die Bewilligung des von der Eintragung Betroffenen und dass der Betroffene als solcher zuvor im Grundbuch eingetragen ist.

Muster des Bestandsverzeichnisses (Farbe weiß)

Amtsgericht Neustadt **Grundbuch von** Ne

Laufende Nummer der Grundstücke	Bisherige laufende Nummer d. Grundstücke	Bezeichnung der Grundstücke und d			
		Gemarkung (Vermessungsbezirk)	Karte		Liege schaf buc
			Flur	Flurstück	
		a	b		c/d
1	2				
1		Neustadt	2	3/4	

Handblatt

GS 132 Handblatt, Einlageblatt Bestandsverzeichnis
G. Ph. Schaefer G. m. b. H., Offenbach (Main) – 1. 1969

stadt **Band** 11 **Blatt** 234 **Bestandsverzeichnis**

mit dem Eigentum verbundenen Rechte		Größe		
	Wirtschaftsart und Lage			
	e	ha	a	m²
3			4	
	Gebäude- und Freifläche-Wohnen, Hauptstraße 12	.	13	45

Muster der ersten Abteilung (Farbe rosa)

Amtsgericht Neustadt **Grundbuch von** Ne

Handblatt

GS 133 Handblatt, Einlageblatt, Erste Abteilung
G. Ph. Schaefer G.m.b.H., Offenbach (Main) – 1. 1969

Laufende Nummer der Eintragungen	Eigentümer
1	2
1 a)	Heinrich **M u s t e r** , geb. 10.10.1940,
b)	dessen Ehefrau Karin **M u s t e r** geb. Schön, geb. 12.12.1942, Neustadt - je zu 1/2 -

stadt **Band** 11 **Blatt** 234 **Erste Abteilung**

Laufende Nummer der Grundstücke im Bestands-verzeichnis	Grundlage der Eintragung
3	4
1	Aufgelassen am 10. Juli 1996 und eingetragen am 10.September 1996. Müller Schneider

Muster der zweiten Abteilung (Farbe gelb)

Amtsgericht Neustadt **Grundbuch von** Neu

Laufende Nummer der Eintragungen	Lfd. Nummer der betroffenen Grundstücke im Bestandsverzeichnis	
1	2	
1	1	Auflassungsvormerkung für Ha willigung vom 10. Juli 1996 Müller
2	1	Grunddienstbarkeit, bestehen Eigentümer des im Grundbuch stücks lfd. Nr. 1 Bestandsve auf die Bewilligung vom 18. eingetragen am 10. September Müller

Handblatt

GS 134 Handblatt, Einlageblatt, Zweite Abteilung
G. Ph. Schaefer G. m. b. H., Offenbach (Main) – 1. 1969

tadt **Band** 11 **Blatt** 234 **Zweite Abteilung**

Lasten und Beschränkungen

3

ry Haase, geb. 20.09.1963, in Neustadt. Gemäß Be-
ingetragen am 10. September 1996.

Schneider

in einem Geh- und Fahrrecht für den jeweiligen
on Neustadt Band 10 Blatt 200 eingetragenen Grund-
zeichnis (Flur 1, Flurstück 16/17). Unter Bezugnahme
Juli 1996 (UR-Nr. 1/96 des Notars Billig in Neustadt)
1996.

Schneider

Muster der dritten Abteilung (Farbe grün)

Amtsgericht Neustadt **Grundbuch von** Neu

Laufende Nummer der Eintragungen	Laufende Nummer der belasteten Grundstücke im Bestandsverzeichnis	Betrag	
1	2	3	
1	1	100.000,-- DM	Einhunderttau Hundert Jahres nahme auf die September 1996. Müller
2	1	100.000,-- DM	Einhunderttau Hundert Jahres vom Hundert fü Hall. Vollstre Bewilligung vo Neustadt) eing Müller

Handblatt

GS 135 Handblatt, Einlageblatt Dritte Abteilung
G. Ph. Schaefer G. m. b. H., Offenbach (Main) – 3. 1962

stadt **Band** 11 **Blatt** 234 **Dritte Abteilung**

Hypotheken, Grundschulden, Rentenschulden

4

send Deutsche Mark Buchgrundschuld nebst zehn vom
zinsen für die Deutsche Bank in Neustadt. Unter Bezug-
Bewilligung vom 25. Juli 1996 eingetragen am 15.

Schneider

send Deutsche Mark Briefhypothek nebst zwölf vom
zinsen und einer einmaligen Nebenleistung von neun
die Bausparkasse Schwäbisch Hall in Schwäbisch
kbar gemäß § 800 ZPO. Unter Bezugnahme auf die
2. Juli 1996 (UR-Nr. 2/96 des Notars Billig in
tragen am 20. September 1996.

Schneider

Eintragungen in das Grundbuch erfolgen in aller Regel auf **Antrag**. Nur in seltenen Ausnahmefällen erfolgen Eintragungen von Amts wegen. Von Amts wegen werden insbesondere eingetragen Löschungen nach unzulässigen Eintragungen und Widersprüche bei unrichtigen Eintragungen. Aber auch auf Ersuchen von Behörden (z. B. der Konkursgerichte/Insolvenzgerichte) erfolgen bestimmte Eintragungen.

Antragsberechtigt ist jeder, dessen Recht von der Eintragung betroffen ist oder zu dessen Gunsten die Eintragung erfolgen soll.

Beantragt dagegen ein Notar die Eintragung, so wird seine Vollmacht vermutet, wenn er die für die Eintragung erforderliche Erklärung beurkundet oder beglaubigt hat.

Nun kommt es in der Praxis nicht selten vor, dass mehrere Anträge mit unterschiedlichen Inhalten gestellt werden. Insoweit gibt es ganz wichtige und strenge Regeln beim Grundbuchamt. Werden mehrere Eintragungen beantragt, durch die dasselbe Recht betroffen wird, so darf die später beantragte Eintragung nicht vor der Erledigung der zuvor beantragten Eintragung erfolgen (§ 17 GBO)

Aus diesem Grund erhält jeder Antrag bei Eingang im Grundbuchamt einen Eingangsstempel mit Datum und Uhrzeit. Damit ist sichergestellt, dass alle Anträge der Reihe nach bearbeitet und eingetragen werden.

Eine Eintragung in das Grundbuch erfolgt nur dann, wenn derjenige sie bewilligt, dessen Recht von der Eintragung betroffen ist. Natürlich gilt das nicht in den Fällen, in denen die Eintragung von Amts wegen erfolgt. Die **Bewilligung** erfolgt durch eine öffentliche oder öffentlich beglaubigte Urkunde. Dabei kann der Antrag und die Bewilligung in einer Urkunde erfolgen. In der Praxis sorgt der Notar bei der Beurkundung des Kaufvertrages schon dafür, dass alle notwendigen Erklärungen in ein und derselben Urkunde aufgenommen werden.

Eine Eintragung soll letztlich nur erfolgen, wenn der von der Eintragung **Betroffene** zuvor im Grundbuch eingetragen ist, § 39 GBO.

Von dieser Pflicht gibt es folgende Ausnahmen:

a) Ein Gläubiger einer Briefhypothek bzw. einer Briefgrundschuld braucht dann nicht eingetragen zu sein, wenn er den Brief vorlegt und sein Gläubigerrecht nach § 1155 BGB nachweist.
b) Ist der Betroffene der Erbe des eingetragenen Berechtigten, so braucht er bei einer Übertragung oder Aufhebung des Rechts nicht vorher eingetragen zu werden, § 40 GBO.

Das eigentliche Eintragungsverfahren

Der Rechtspfleger hat vor der Eintragung nur deren Zulässigkeit zu prüfen. Er prüft nicht, ob das für die Eintragung zugrunde liegende Rechtsgeschäft wirksam ist oder nicht. Ist der Antrag zulässig, so wird die Eintragung im Grundbuch vorgenommen.

Auf den Seiten 90–97 sind die Grundbuchblätter des Bestandsverzeichnisses und der Abteilung I bis III als Muster abgebildet worden.

Die
Finanzierung

Woher kommt das Geld?

Wer ist schon in der glücklichen Lage, den Kaufpreis so ganz einfach in bar zu bezahlen? Die meisten „Hauskäufer“ müssen entweder den gesamten Kaufpreis oder aber einen großen Teil davon finanzieren.

Man unterscheidet im Prinzip die drei klassischen Finanzierungsarten:

1. die Finanzierung über ein Bauspardarlehen,
2. die Finanzierung über ein Bankdarlehen und
3. die Finanzierung über eine Kapitallebensversicherung.

Welche Art der Finanzierung zu empfehlen ist, hängt vom Einzelfall ab. Insbesondere spielt dabei eine Rolle, wie viel Eigenkapital vorhanden ist, wie hoch der mögliche monatliche Abtrag ist und wann die Immobilie erworben werden soll.

Außerdem kommt der Umfang der Eigenleistung in Betracht. Je mehr Eigenleistungen möglich sind, desto weniger Fremdmittel sind zu finanzieren. Beim Hauskauf ist natürlich der Posten „Eigenleistung“ nur bedingt erfüllbar. In den meisten Fällen kommen aber ein Umbau oder größere Renovierungsarbeiten auf den Erwerber zu.

Wenn die Mittel für diese Arbeiten nicht vorhanden sind und finanziert werden müssen, lohnt es sich auf jeden Fall, einmal darüber nachzudenken, ob man nicht manches in Eigenleistung erbringen kann. Zumindest fallen dann nur die Materialkosten an und man spart die teuren Handwerkerstunden. Und letztendlich macht es sogar Spaß, die Außenanlagen nach eigenem Gusto zu gestalten oder mit der leimfeuchten Tapete auf der Leiter zu balancieren.

Finanzierungsart	Bauspardarlehen	Bankdarlehen	Kapitallebensversicherung
Vorteile	günstiger Zins, niedrige Gesamtkosten, hohe Flexibilität kalkulierbare Belastungen	einfache Abwicklung wenig Barmittel erforderlich, ständige Darlehensreduzierung umfangreiche Gestaltungsmöglichkeiten	günstiger Zins, Versicherungsschutz, niedrige Nebenkosten
Nachteile	hohe Tilgungsraten, kein genauer Zuteilungstermin	hohe Nebenkosten, unübersichtliche Nebenbedingungen,	Darlehenstilgung erst bei Versicherungsablauf, hohe monatliche Rate, günstiger Zins nur bis zu 40 Prozent der Gesamtkosten

Die Vor- und Nachteile der einzelnen Finanzierungsarten.

Das Eigenkapital

Ohne ein gewisses Eigenkapital dürfte eine Finanzierung (egal, welche Finanzierungsart man wählt) kaum möglich sein. Beim Hausbau gibt es eine „goldene Regel“:

1/3 Eigenkapital
1/3 Eigenleistung
1/3 Fremdmittel.

Nicht immer wird sich freilich eine so hohe Quote an Eigenleistungen aufbringen lassen. Und wenn gar eine nicht termingerecht oder mangelhaft ausgeführte Eigenleistung zum Bauverzug oder zu aufwendiger Nachbesserung führt, dann kann die gut gemeinte „Ersparnis“ zu einer teuren Angelegenheit werden.

Gleichwohl wird dann eine Finanzierung kritisch, wenn nicht wenigstens 1/3 Eigenkapital vorhanden ist. Bei „guten und sicheren“ Kunden akzeptieren die Banken natürlich auch ein geringeres bzw. gar kein Eigenkapital. Die Höhe des erforderlichen Eigenkapitals hängt also letztlich davon ab, wie hoch Ihre monatliche Belastung zur Finanzierung der Fremdmittel sein kann. Um diese Belastbarkeit einmal grundsätzlich feststellen zu können, empfiehlt sich ein „Kassensturz“ anhand der auf der folgenden Seiten abgedruckten Checkliste.

Der kauf- und bauwillige Kunde muss ohnehin, wenn er bei einem Kreditinstitut wegen einer Finanzierung vorspricht, einen Selbstauskunftsbogen ausfüllen bzw. sehr konkrete Fragen des Kreditsachbearbeiters beantworten. Es kann also nicht schaden, bereits im Vorfeld die eigene finanzielle Situation zu analysieren, um so gegebenenfalls auch finanzielle Engpässe, aber auch Spielräume für Verhandlungen ausmachen zu können.

1. Einkommen	**pro Monat**
a) Nettoeinkommen Ehemann	....
b) Nettoeinkommen Ehefrau	....
c) Nettoeinkommen anderer Familienangehöriger (aber nur, wenn damit auch nach dem Hauskauf zu rechnen ist)	....
d) Miet- u. Pachteinnahmen	....
e) Zinsen	....
Gesamteinnahmen	....
2. Lebenshaltungskosten/Ausgaben	
b) Wohnungs – Kaltmiete	....
c) Miet – Nebenkosten	....
d) Bewirtschaftungskosten	....
Strom	....
Heizung	....
Gesamtausgaben für Wohnen	....
d) Nahrungs- u. Genußmittel	....
e) Reinigung	....
f) Körperpflege	....
g) Bekleidung	....
h) Ausbildung	....
i) Auto	....
j) Rundfunk/Zeitung	....
k) Freizeit/Bücher	....
l) Urlaub	....
m) Versicherungen	....
n) Unterhaltszahlungen	....
o) Sonstiges	....
Gesamtausgaben	....
Derzeit zur freien Verfügung:	
Einnahmen	....
Ausgaben	– ....
	= ....

Mit dieser Checkliste haben Sie aber nur ihre derzeitigen Einnahmen und Ausgaben ermittelt. Wenn Sie ein Haus gekauft haben, müssen Sie dann natürlich bedenken, dass die Mieten und Mietnebenkosten wegfallen. Die Bewirtschaftungskosten werden sich sicher erhöhen.

Überschlägig kann man mit Bewirtschaftungskosten für ein Haus mit 3,– DM/qm Wohnfläche rechnen. Hinzu kommen aber auch noch die Abträge für die Fremdfinanzierung.

Zur Kontrolle können Sie Ihrer eigenen Berechnung einmal die Berechnungswerte der Banken gegenüberstellen. Bei der Bewertung der Kreditfähigkeit gehen die Banken von Minimumkosten für eine Person von rund 1.200,00 DM aus. Bei Ehepaaren legen die Banken Kosten in Höhe von 1.600,00 DM zugrunde. Kinder werden mit 250,00–400,00 DM „berechnet". Diese Beträge erhöhen sich natürlich bei Personen mit höheren Einkommen und entsprechend höherem Lebensstandard. Andererseits erhöht sich aber auch die Kreditfähigkeit bei einem höheren gesicherten Einkommen.

Die Höhe des möglichen monatlichen Abtrages für die Fremdfinanzierung können Sie nun wie folgt errechnen:

Gesamt – Einnahmen		....
Gesamt – Ausgaben (ohne Miete u. Mietnebenkosten)	–	....
Bewirtschaftungskosten/Haus (ca. 3,– DM/qm Wohnfläche)	–	....
Verbleiben für den Abtrag	=	....

Monatliche Belastung in DM	6,00%	6,25%	6,50%	6,75%	7,00%	7,25%	7,50%
700,–	120.000	115.000	112.000	108.000	105.000	101.000	98.000
800,–	137.000	132.000	128.000	123.000	120.000	116.000	113.000
900,–	154.000	149.000	144.000	139.000	135.000	131.000	127.000
1.000,–	171.000	165.000	160.000	154.000	150.000	145.000	141.000
1.100,–	188.000	182.000	176.000	170.000	165.000	160.000	155.000
1.200,–	205.000	198.000	192.000	185.000	180.000	174.000	169.000
1.300,–	222.000	215.000	208.000	201.000	195.000	189.000	183.000
1.400,–	240.000	231.000	224.000	216.000	210.000	203.000	197.000
1.500,–	257.000	248.000	240.000	232.000	225.000	218.000	211.000
1.600,–	274.000	264.000	256.000	247.000	240.000	232.000	225.000
1.700,–	291.000	281.000	272.000	263.000	255.000	247.000	240.000
1.800,–	308.000	298.000	288.000	278.000	270.000	261.000	254.000
1.900,–	325.000	314.000	304.000	294.000	285.000	276.000	268.000
2.000,–	342.000	331.000	320.000	309.000	300.000	291.000	282.00

Aus der obigen Übersicht können Sie nunmehr ersehen, welchen Darlehensbetrag Sie mit Ihren verfügbaren Mitteln finanzieren können und welches Eigenkapital folglich vor dem „Hauskauf“ zur Verfügung stehen muss.

In der linken Spalte steht – gestaffelt – die monatliche Belastung, die Sie tragen können. In den Spalten rechts daneben können sie den maximalen Darlehensbetrag ablesen, der unter den jeweiligen Zinskonditionen damit zu finanzieren wäre; eingerechnet ist jeweils eine Tilgungsrate von 1 Prozent.

Diese Tabelle dient nur einer ersten Orientierung. Außer Acht bleiben Disagio und Zinsfestschreibungen, Bearbeitungsgebühren, Schätzkosten u. Ä., die leicht den Zins um ein paar Prozentpunkte hinauftreiben.

7,75%	8,00%	8,25%	8,50%	8,75%	9,00%	9,25%	9,50%	9,75%	10,00%
96.000	93.000	90.000	88.000	86.000	84.000	82.000	80.000	78.000	76.000
109.000	106.000	103.000	101.000	98.000	96.000	93.000	91.000	89.000	87.000
123.000	120.000	116.000	113.000	110.000	108.000	105.000	102.000	100.000	98.000
137.000	133.000	129.000	126.000	123.000	120.000	117.000	114.000	111.000	109.000
150.000	146.000	142.000	139.000	135.000	132.000	128.000	125.000	122.000	120.000
164.000	160.000	155.000	151.000	147.000	144.000	140.000	137.000	133.000	131.000
178.000	173.000	168.000	164.000	160.000	156.000	152.000	148.000	145.000	141.000
192.000	186.000	181.000	176.000	172.000	168.000	163.000	160.000	156.000	152.000
205.000	200.000	194.000	189.000	184.000	180.000	175.000	171.000	167.000	163.000
219.000	213.000	207.000	202.000	197.000	192.000	187.000	182.000	178.000	174.000
233.000	226.000	220.000	214.000	209.000	204.000	199.000	194.000	189.000	185.000
246.000	240.000	233.000	227.000	221.000	216.000	210.000	205.000	200.000	196.000
260.000	253.000	246.000	240.000	233.000	228.000	222.000	217.000	212.000	207.000
274.000	266.000	259.000	252.000	246.000	240.000	234.000	228.000	223.000	218.000

Außerdem müssen Sie, bei der Langfristigkeit fast jeder Immobilienfinanzierung, natürlich damit rechnen, dass zum Beispiel aktuell niedrige Zinsen später auch wieder steigen können. Reichen bei einen unterstellten Zinssatz von 6 Prozent 1 500,– DM aus, um ca. 250 000,– DM zu finanzieren, so lassen sich damit fünf Jahre später, sollte der Zins um 2 Prozent steigen, damit gerade einmal noch 200 000,– DM finanzieren. Da es die üblichen Tilgungsraten gerade am Beginn einer Finanzierung normalerweise nicht erlauben, den zu verzinsenden Saldo in diesem Zeitraum um ein Fünftel zu senken, dürfte sich plötzlich vor Ihnen eine Finanzierungslücke auftun, die sehr schmerzhaft werden kann (siehe Schaubild). Von steigenden Gebühren und Abgaben ist dabei noch abgesehen.

Monatliche Rate (hypothetischer Verlauf)
Von 1. bis 5. Jahr nach Darlehensaufnahme 1.498,– DM

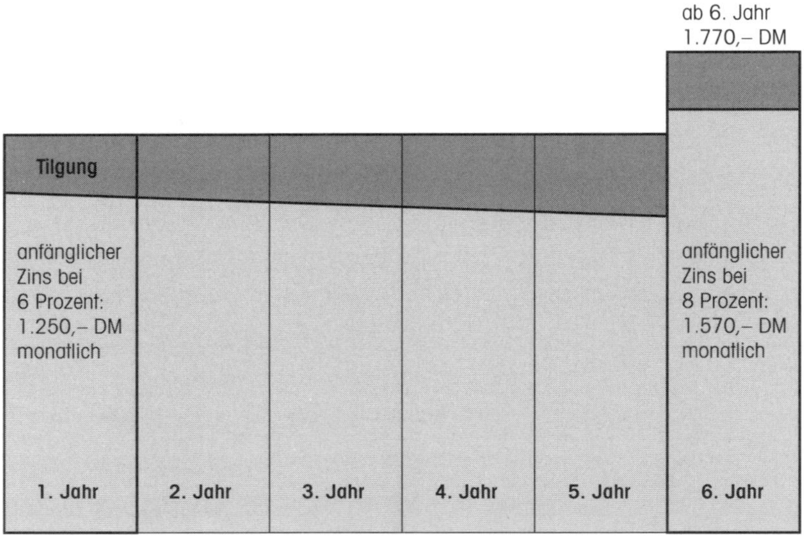

Das Schaubild macht die Gefahr deutlich: der zu verzinsende Saldo sinkt in den ersten fünf Jahren der Finanzierung, für die eine Zinsbindung angenommen wird, um ca. 14 500,– DM bei einer monatlichen Gesamtbelastung (Zins und Tilgung) von 1 458,– DM. Sollte der Zins in der Zwischenzeit auf 8 Prozent gestiegen sein, erhöht sich die monatliche Belastung für die Finanzierung um mehr als 300,– DM. Oft kann dann nur noch der Tilgungsanteil herabgesetzt werden, um die Finanzierung zu „retten“. Im Endeffekt verlängert dies die Laufzeit und verteuert den Kredit.

Tipp: Vermeiden Sie unter allen Umständen, ein Finanzierungsproblem zu beschönigen oder von einem „Berater“ schön reden zu lassen. Planen Sie in Ihrem Budget auch immer Reserven für Zinssteigerungen oder außergewöhnliche Belastungen ein.

Wie kann man nun das benötigte Eigenkapital möglichst schnell und effektiv ansparen? Dass Großmutters Sparstrumpf nicht die beste Methode ist, dürfte sich inzwischen herumgesprochen haben. Auch das klassische Sparbuch unterscheidet sich von diesem Sparstrumpf nur insofern, als es wenigstens einen gewissen Inflationsausgleich in Form eines (meist ziemlich mageren) Sparzins gewährt.

Banken und Sparkassen bieten eine große Anzahl von Sondersparformen mit verschiedenen Laufzeiten, Zinsstaffeln und Ausschüttungsmodi an. Entscheidend für die richtige Wahl ist nicht die Farbigkeit der Werbeprospekte oder die korrekte Krawatte des Sachbearbeiters, sondern Ihr persönliches Sparziel: Wann wollen Sie welchen Betrag angespart haben? Lassen Sie sich die Wege zu diesem Ziel genau vorrechnen.

ACHTUNG

Mitunter tarnen Lebensversicherungen ihre Angebote als Sparverträge. Schnell hat man dann eine Police am Hals, die einen auf 25 Jahre bindet. Bis zur Fälligkeit der Lebensversicherung ist Ihr Geld gebunden; ein vorzeitiger Ausstieg aus dem Vertrag ist nur unter beträchtlichen Verlusten möglich. Darum: Hände weg vom Sparen in Lebensversicherungen, es sei denn, sie hätten die Absicht, den Hauskauf mit Hilfe Ihrer Lebensversicherung zu finanzieren (siehe S. 132 ff.)

Oft schafft schon auch ein ganz normaler Ratensparvertrag das nötige Eigenkapital. Mit der Bank/Sparkasse kann man über die Höhe des Zinssatzes verhandeln. Es gibt genügend Möglichkeiten, den ganz normalen Zinssatz für einen Sparvertrag zu erhöhen.

Eine weitgehend vernachlässigte Art der Schaffung von Eigenkapital ist das Wertpapiersparen. Um in zehn Jahren ein Kapital in Höhe von 100.000,– DM angespart zu haben, müssen Sie bei einem Zinssatz von 6 Prozent monatlich lediglich 612,34 DM sparen. Bei einem Nominalzins von 7 Prozent beträgt die monatliche Rate gar nur 581,12 DM. Folgende Übersicht macht das deutlich:

	Modell 1	**Modell 2**
Zinssatz p.a.	7,0 Prozent	6,0 Prozent
Einzahlungsjahre	10	10
Einzahlungen pro Jahr	12	12
Regelmäßiger Sparbeitrag	581,12 DM	612,34 DM
Eingezahltes Sparkapital	69.734,40 DM	73.480,80 DM
Zins und Zinseszins	30.266,97 DM	26.520,48 DM
Gesamtguthaben nach 10 Jahren Laufzeit:	100.001,37 DM	100.001,28 DM

Aber auch mit dem regelmäßigen Kauf von Bundesobligationen oder Bundesschatzbriefen lässt sich eine hohe Rendite erzielen. Die Bundesschuldenverwaltung verwaltet diese Wertpapiere auf Antrag spesenfrei, so dass es keines kostspieligen Depots bedarf. Dabei ist lediglich zu beachten, dass man Bundesschatzbriefe erst nach einem Jahr wieder verkaufen kann, wobei pro Monat maximal 10.000,– DM kündbar sind. Bundesobligationen hingegen sind jederzeit wieder zu verkaufen.

Die Finanzierung über ein Bauspardarlehen

Beim Bausparen scheiden sich die Geister. Statistisch gesehen verfügt fast jeder dritte Haushalt in Deutschland über einen Bausparvertrag oder über mehrere Verträge. Fast 50 Prozent der Bauherren bzw. Erwerber von Immobilien setzen Bausparmittel ein. Das Bausparen hat in Deutschland eine lange Tradition. Vielleicht liegt es daran, dass sich deshalb nur wenige Bausparer über die Vor- und Nachteile des Bausparens intensiv Gedanken machen. Selbst als die Stiftung Warentest im Herbst 1994 feststellte, dass die Bausparkassen ihre Kunden miserabel beraten, hat dies offenbar dem Bausparen keinen Abbruch bereitet.

Bausparen ist nicht immer die billigste und schnellste Methode, zu den eigenen vier Wänden zu kommen. Fehler beim Abschluss des Bausparvertrages können richtig Geld kosten. Um entscheiden zu können, ob für Ihren ganz speziellen Finanzierungsbedarf ein Bausparvertrag günstig ist, muss man zunächst einmal wissen, wie das Bausparen eigentlich funktioniert.

Das Prinzip ist bei jeder Bausparkasse gleich. Der Bausparer spart mit einem relativ geringen Habenszins das Eigenkapital an. Damit erwirbt er zugleich einen Anspruch auf ein zinsgünstiges Baudarlehen. Aus seiner Tradition heraus funktioniert Bausparen – ähnlich wie unsere Rentenversicherung – durch das Umlageprinzip. Die Neukunden finanzieren mit ihren Beiträgen die Darlehen der Altkunden, und deren Zinsen und Tilgungsraten schaffen den Grundstock für neue Kreditvergaben. Grundsätzlich können die Bausparkassen nur so viel Geld als Darlehen ausreichen, wie sie aus Sparbeiträgen, Zinsen und Tilgungsraten einnehmen.

Außerdem fördert der Staat das Bausparen mit der Gewährung von Bausparprämien, der Arbeitnehmersparzulage oder der Berücksichtigung als Sonderausgaben bei der Einkommensteuer. Diese staatliche Förderung erfolgt natürlich nur alternativ, sodass der Bausparer im Prinzip nur eine der staatlichen Fördermaßnahmen in Anspruch nehmen kann (Näheres zu den einzelnen Fördermaßnahmen siehe Seite 167 ff.).

Das Bausparen gliedert sich nach dem Abschluss des Bausparvertrages in drei Phasen, nämlich die Ansparphase, die Zuteilungsphase und die Tilgungsphase.

Ansparphase

In der **Ansparphase** erhält der Bausparer für seine Sparbeiträge eine recht niedrige Verzinsung zwischen 2,5 und 3 Prozent. Je nach Tarif muss in der Ansparphase zwischen 40 und 50 Prozent der Bausparsumme angespart werden. Diese Phase dauert in der Regel zwischen 4 und 10 Jahren und ist von der Laufzeit des Vertrages und der Höhe der monatlichen Sparrate abhängig. Die Mindestdauer der Ansparphase ist gesetzlich geregelt und dauert 18 Monate. Selbst wenn durch eine Einmalzahlung das Mindestguthaben erreicht wird, muss dieser Betrag wenigstens 18 Monate auf dem Bausparkonto „ruhen“. Bei diesen Konditionen ist es keine Frage, dass ein Sparer bei seiner Sparkasse/Bank oder durch den Kauf von festverzinslichen Wertpapieren sicherlich das Doppelte an Zinsen erhalten kann. Den Wert des Bausparens kann man aber nicht allein an den Zinsen in der Ansparphase beurteilen. Schließlich erhält der Bausparer dafür ja auch ein konkurrenzlos günstiges Baudarlehen.

Zuteilungsphase

Nach der Ansparphase folgt die **Zuteilungsphase**. Mit der Zuteilung erweist sich der wirkliche Wert eines Bausparvertrages. Sie richtet sich nach der Bewertungszahl. Diese Bewertungszahl wird durch ein sehr kompliziertes Bewertungssystem der einzelnen Bausparkassen ermittelt. Mit einer so genannten Kennziffer bewertet die Bausparkasse zu verschiedenen Stichtagen im Jahr die Sparleistung eines jeden Bausparers. Die Bewertungszahl hängt also im Prinzip von der Länge der Ansparzeit und der Höhe des Sparbeitrags im Verhältnis zur Bausparsumme ab. Die Bewertungszahl allein sagt jedoch noch nichts über den Zeitpunkt der Zuteilung aus. Erst wenn der Bausparer auch die Zielbewertungszahl kennt, kann er abschätzen, wann sein Bausparvertrag voraussichtlich zugeteilt wird. Die Zielbewertungszahl legen die Bausparkassen unter Beachtung der insgesamt angesammelten Sparbeträge fest. Hat der Bausparer die Zielbewertungszahl erreicht, so dauert die eigentliche Zuteilung aber immer noch zwischen 3 und 9 Monate (je nach Bausparkasse).

Die Zuteilung ist also eindeutig der kritische Punkt bei einer Finanzierung des Bauvorhabens mit Hilfe eines Bausparvertrages. Es kommt noch hinzu, dass es den Bausparkassen gesetzlich verboten ist, einen Zuteilungstermin zuzusagen. Der Grund für dieses Verbot liegt in den systembedingten Unsicherheiten bei der Berechnung der Zielbewertungszahl. Die kann nämlich niemand genau vorhersagen, weil sie nicht zuletzt von der Zahl der Neuabschlüsse von Bausparverträgen abhängig ist. Dieses gesetzliche Verbot versuchen einige Bausparkassen durch eine Zuteilungsgarantie zu „umgehen". Wenn der geschätzte bzw. garantierte Zuteilungstermin nicht eingehalten wird, gewähren diese Bausparkassen den Kredit für die Zwischenfinanzierung zu einem Zinssatz des späteren Bauspardarlehens. Es liegt auf der Hand, dass sich diese Bausparkassen die Garantie vom Bausparer durch eine zusätzliche Gebühr bezahlen lassen. Bausparkassen sind Wirtschaftsunternehmen, die nicht davon leben, dass sie Geld verschenken, sondern Geld verdienen.

Tilgungsphase

In der **Tilgungsphase** zahlt der Bausparer das gewährte Darlehen in festen Monatsraten ab. Die monatliche Rate setzt sich aus dem vertraglich vereinbarten Darlehenszins und der Tilgungsrate zusammen. Dabei erfolgt die Tilgung zu einem bestimmten Prozentsatz der Bausparsumme. In der Regel sind das 5,– bis 8,– DM je 1.000,– DM Bausparsumme. Anders als bei Bankdarlehen, wo Zins und Tilgung in Prozent der Darlehenssumme ausgewiesen werden, rechnen die Bausparkassen die Tilungsbeiträge in Promille der Bausparsumme. Das Bauspardarlehen macht aber in der Regel nur 50–60 Prozent der Bausparsumme aus. Die Folge der relativ hohen Tilgung ist, dass das Bauspardarlehen in spätestens 10–11 Jahren abgezahlt ist.

Abschluss

Bei **Abschluss eines Bausparvertrages** sind die oben genannten drei Phasen zu berücksichtigen. Damit wird zunächst einmal deutlich, dass ein Bausparvertrag sich mit Sicherheit nicht als Kapitalanlage eignet. Einen Bausparvertrag sollte also nur derjenige abschließen, der auch wirklich später einmal bauen, umbauen oder renovieren will. Wer noch nicht sicher ist, ob er tatsächlich einmal bauen wird, aber die staatlichen Fördermittel kassieren will, sollte einen Bausparvertrag nur über eine kleine Bausparsumme abschließen.

Tarif

Nächstes Kriterium ist der **Tarif**. Die Zeit der Einheitstarife ist längst vorbei. Auch wenn Standard-, Schnellspar- und Langzeit- bzw. Renditetarife immer noch am gerbäuchlichsten sind. Heute bieten Bausparkassen weit über 100 Tarifvarianten an. Eine Übersicht über diese unterschiedlichen Tarife ist nur noch mit Computerübersichten zu erreichen.

Tipp: Bei Verbraucherzentralen kann man z.B. sehr preiswert solche Übersichten erstehen oder einsehen.

Erwähnenswerte Tarifvarianten sind auf jeden Fall die von fast allen Bausparkassen angebotenen Optionstarife. Diese Tarife sind vor allen Dingen für die Bausparer interessant, die noch nicht ganz sicher sind, ob sie tatsächlich einmal bauen werden. Bei diesen Tarifen kann der Bausparer nachträglich einen Zinswechsel vornehmen. Wer also das Bauspardarlehen nicht in Anspruch nimmt, weil er z. B. das Bauvorhaben aufgegeben hat, kann nachträglich einen höheren Guthabenszins wählen.

ACHTUNG

Diese Tarife sind aber teurer als die Normaltarife. So beträgt die Abschlussgebühr deutlich mehr als 1,0 Prozent (meist 1,6 Prozent) und der Bausparer muss mindestens 50 Prozent (statt der üblichen 40 Prozent) angespart haben.

An Hand eines Bausparvertrages zum „Normaltarif" wird am deutlichsten, ob diese Art der Baufinanzierung für Ihren ganz speziellen Fall günstig ist oder nicht. Wie oben schon erwähnt, müssen vermeintlich bessere Tarife teurer bezahlt werden. Eine Modellrechnung nach Normaltarif sieht etwa so aus:

Tarifdaten:

Bausparsumme	100.000,– DM
Zinssatz für das Bausparguthaben	2,50 Prozent jährlich
Zinssatz für das Bauspardarlehen	4,50 Prozent jährlich
Effektiver Jahreszins ab Zuteilung	5,37 Prozent jährlich

Laufzeiten:

Geschätzte Sparzeit bis zur Zuteilung	10 Jahre
Tilgungsdauer des Bauspardarlehens	10 Jahre 8 Monate
Gesamtlaufzeit	20 Jahre 9 Monate

Monatliche Leistungen:	
Sparbeitrag (bis Zuteilung)	315,– DM
Zins- und Tilgungsbeitrag für Bauspardarlehen	600,– DM
Gebühren:	
Abschlussgebühr	1.000,– DM
Darlehensgebühr	ungefähr 1.180,– DM

Bei diesem Bausparvertrag (Standardmodell) würde die Zuteilung nach ungefähr 10 Jahren erfolgen. Zu diesem Zeitpunkt wären dann ungefähr 41.000,– DM angespart, sodass das Bauspardarlehen ungefähr 59.000,– DM betragen würde.

Kosten- und Ertragsberechnung:	
Abschlussgebühr für den Bausparvertrag	1.000,– DM
Darlehensgebühr	rund 1.180,– DM
Zinsen für Darlehen	rund 15.700,– DM
abzüglich Guthabenzins	rund 5.100,– DM
Gesamtkosten	**rund 12.780,– DM**

Bei dieser Modellrechnung sind natürlich eventuelle Kosten für eine Zwischenfinanzierung für den Fall, dass die Zuteilung später als geplant erfolgt, nicht berücksichtigt.

Interessant wird ein Vergleich mit einem simplen Bankspar-Modell, bei dem – wie oben im Falle des Bausparvertrages – von einer Gesamtsparsumme von 100.000,– DM, von einer zehnjährigen Ansparphase mit einem Monatsbetrag von 315,– DM und einer Zins-und Tilgungsrate von 600,– DM pro Monat ausgegangen wird (zur Vereinfachung sind die relativ niedrigen Nebenkosten unberücksichtigt).

Eine monatliche Sparleistung von 315,– DM erbringt nach 10 Jahren folgendes angespartes Kapital:

Rendite (Sparzins)	5 Prozent	=	48.832,– DM
Rendite	6 Prozent	=	51.443,– DM
Rendite	7 Prozent	=	54.205,– DM

Tipp: Andere Werte kann man aus einer Rentenendwertetabelle ablesen. Solche Tabellen findet man in Tabellenjahrbüchern der Banken oder direkt bei der Bank/Sparkasse.

Im Vergleich zum Bausparvertrag sind das bei einer leicht zu erzielenden Rendite von 6 Prozent eine Differenz von rund 13.400,– DM zugunsten des Sparers (51.443,– DM Ansparsumme beim Banksparen minus 41.000,– DM Ansparsumme beim Bausparen).

Noch deutlicher wird der Unterschied, wenn man die Tilgung des noch notwendigen Darlehens betrachtet. Denn unter der gleichen Voraussetzung hinsichtlich des gesamten Finanzbedarfs und der oben geschilderten Ansparmöglichkeiten fällt das benötigte Darlehen bei der Bank natürlich niedriger aus als bei der Bausparkasse. Beim Bausparvertrag (siehe oben) beträgt das Baudarlehen nach der Ansparphase noch rund 59.000,– DM (100.000,– DM Bausparsumme minus 41.000,– DM Ansparsumme). Bei einem monatlichen Abtrag von 600,– DM ist das Baudarlehen in 10 Jahren und 8 Monaten getilgt.

Bei dem vergleichbaren Banksparen mit einer Rendite von 6 Prozent beträgt das aufzunehmende Darlehen nur 48,557,– DM (100.000,– DM Gesamtsumme minus 51.443,– DM Ansparsumme). Im Gegensatz zum Bausparen, bei dem der Darlehenszins ja von vornherein feststeht, hängt der Zinssatz für das Darlehen beim Banksparen von den jeweiligen Marktzinsen ab. Aus der nachfolgenden Übersicht wird deutlich, ab welchem Markt-Zinssatz (Nominalzins) das Bausparen günstiger wird.

Darlehenssumme: 48.557,– DM

Monatliche Ratenhöhe für Zins und Tilgung: 600,– DM

Nominaler Jahreszinssatz:	Tilgung nach:
6,00 Prozent	8 Jahre und 9 Monate
6,25 Prozent	8 Jahre und 10 Monate
6,50 Prozent	9 Jahre
6,75 Prozent	9 Jahre und 1 Monat
7,00 Prozent	9 Jahre und 2 Monate
7,25 Prozent	9 Jahre und 4 Monate
7,50 Prozent	9 Jahre und 5 Monate
7,75 Prozent	9 Jahre und 7 Monate
8,00 Prozent	9 Jahre und 9 Monate
8,25 Prozent	9 Jahre und 11 Monate
8,50 Prozent	10 Jahre und 1 Monat
8,75 Prozent	10 Jahre und 3 Monate
9,00 Prozent	10 Jahre und 5 Monate
9,25 Prozent	10 Jahre und 8 Monate

Also, erst wenn der nominale Jahreszins 9,25 Prozent beträgt, sind Bausparvertrag und Banksparvertrag gleichwertig.

Die Frage, ob sich der Abschluss eines Bausparvertrages lohnt, hängt also grundsätzlich von drei Faktoren ab:

1. von der Rendite, die beim Bank- oder Wertpapiersparen erzielt wird,
2. vom Zinssatz für das spätere Bankdarlehen und
3. von der Länge der Ansparphase bzw. vom Zeitpunkt der Darlehensaufnahme.

Wegen der zahlreichen Tarife der einzelnen Bausparkassen ist ein allgemeingültiger Vergleich fast unmöglich. Grobe Anhaltspunkte kann man aber aus der nachfolgenden Tabelle entnehmen.

Rendite/ Sparzins	**Dauer der Ansparphase**	**Bausparen ist günstiger, wenn der Jahreszins für das Darlehen**
4 Prozent	4 Jahre	höher als 8,00 Prozent ist
4 Prozent	7 Jahre	höher als 7,20 Prozent ist
4 Prozent	10 Jahre	höher als 6,80 Prozent ist
5 Prozent	4 Jahre	höher als 8,90 Prozent ist
5 Prozent	7 Jahre	höher als 8,10 Prozent ist
5 Prozent	10 Jahre	höher als 7,90 Prozent ist
6 Prozent	4 Jahre	höher als 9,90 Prozent ist
6 Prozent	7 Jahre	höher als 9,20 Prozent ist
6 Prozent	10 Jahre	höher als 9,10 Prozent ist

Tipp: Ein zuverlässiger Vergleich ist nur möglich, wenn Sie sich von Ihrer Bausparkasse und zugleich von Ihrer Bank/Sparkasse vergleichbare Finanzierungsmodelle errechnen und ausdrucken lassen. Außerdem dürfen bei einem Vergleich die Gebühren und die staatlichen Fördermittel nicht unberücksichtigt bleiben.

Ein Fazit kann man aber auf jeden Fall ziehen. Das Bausparen ist nicht unbedingt die konkurrenzlose Finanzierungsart, wie sie insbesondere von den Bausparkassen und ihren Beratern, die von den Abschlussgebühren leben, immer dargestellt wird. In vielen Fällen wird aber nach wie vor das Bausparen die sinnvollste und eine günstige Art der Finanzierung sein und bleiben. Besonders ist dabei zu berücksichtigen, dass sich eine Bausparkasse als Gläubiger gegebenenfalls auch mit einer nachgeordneten Rangstelle im Grundbuch (Dritte Abteilung; siehe S. 96 f.) zufrieden gibt. Banken hingegen legen in der Regel Wert auf erstrangige Sicherung im Grundbuch und berechnen andernfalls gern Risikoaufschläge.

Checkliste für den Abschluss eines Bausparvertrages

1. Grundsätzlich auf schriftliche Auskünfte bestehen.
2. Anspar- und Tilgungsplan unterschreiben lassen.
3. Bausparunterlagen müssen enthalten:
   a) die genaue Bezeichnung der Bausparkasse,
   b) exakte Bezeichnung des empfohlenen Bausparkassentarifs,
   c) genaue Höhe der Bausparsumme,
   d) die Höhe der Raten in der Ansparphase,
   e) die Höhe des Mindestsparguthabens für die Zuteilung,
   f) den voraussichtlichen Zuteilungstermin,
   g) die Höhe der Zinsen und der Tilgung für das Baudarlehen,
   h) die Höhe der Tilgungsrate nach der Zuteilung,
   i) die Dauer der Tilgung des Baudarlehens,
   j) die Höhe der Abschlussgebühr und die Art der Verrechnung,
   k) die Höhe der Darlehensgebühr und wie sie verrechnet wird,
   l) die Höhe der Risikolebensversicherung und die Zahlung und Verrechnung der Versicherungsbeiträge,
   m) die Gesamtkosten und die Gesamterträge.
4. Auf Bausparsumme achten:
   a) zu hohe Bausparsummen kosten auch hohe Abschlussgebühren,
   b) bei hohen Bausparsummen reicht oft die monatliche Sparrate nicht aus, um die tarifliche Mindestsparrate zu erreichen (Folge ist eine zu späte Zuteilung),
   c) kleine Bausparsummen sind günstiger, weil sie später aufgestockt werden können.
5. Ein Bausparvertrag lohnt sich nicht, wenn kurzfristig Baugeld benötigt wird.

Checkliste nach Abschluss des Bausparvertrages

1. Nur das Mindestguthaben ansparen, weil die Guthabenzinsen zu niedrig sind.
2. Bauspardarlehen wegen der niedrigen Zinsen nicht vorzeitig tilgen.
3. Regelmäßig die Bewertungszahl und die Zielbewertungszahl kontrollieren, damit eine Zwischenfinanzierung nicht erforderlich wird.
4. Bei einer notwendigen Zwischenfinanzierung Alternativangebote der Bank/Sparkasse einholen.

Die Finanzierung über eine Bank/Sparkasse

Die Finanzierung über eine Bank/Sparkasse erfolgt in aller Regel in Form eines Annuitätendarlehens. Bei dieser Darlehensart wird das Darlehen mit festen Jahresraten zurückgezahlt. Eine jährlich gleichbleibende Leistung nennt man auch Annuität. Die feste Jahresrate setzt sich aus den Zins- und den Tilgungsanteilen zusammen. Sie ist während der gesamten Zinsbindungsfrist gleichbleibend. Im Laufe der Zeit wird jedoch der Zinsanteil geringer und somit der Tilgungsanteil höher.

An einem Beispiel wird das deutlicher:

Darlehenssumme	100.000,– DM
vereinbarter Nominalzins	7,0 Prozent
vereinbarte Tilgung	3,0 Prozent
ergibt eine Jahresrate von	10,0 Prozent

Dieses Darlehen wird also mit einer Jahresrate von 10 Prozent getilgt. 10 Prozent von 100.000,– DM ergibt eine Jahresrate von 10.000,–DM und folglich eine Monatsrate von 833,34 DM (10.000 : 12).

Auch diese Monatsrate enthält wieder einen Zins- und einen Tilgungsanteil, nämlich 583,34 DM für Zinsen (7.000,– DM : 12) und 250,– DM für Tilgung (3.000,– DM : 12). Mit jedem Monat, in dem der Darlehensnehmer seine Rate zahlt, verringert sich die Darlehenssumme. Auf seinem Kontoauszug wird das als „Verminderung zu verzinsender Saldo" (oder ähnlich) von der Bank ausgewiesen. Zinsen sind naturgemäß nur für die tatsächlich bestehende Darlehensschuld zu zahlen; der Zinsanteil muss sich also mit jedem Monat verringern. Soll die vereinbarte Annuität auch in Form einer gleichbleibenden Monatsrate erreicht werden, muss logischerweise der Tilgungsanteil wachsen. (siehe Tabelle)

Monat	zu verzinsender Saldo	Zins (anf. 7 Prozent)	Tilgung (anf. 3 Prozent)	Annuität (Monatsrate)
1	**100 000,00**	583,34	250,–	833,34
2	99 750,00	581,88	251,46	833,34
3	99 498,54	580,41	252,93	833,34
4	99 245,61	578,93	254,41	833,34
5	98 991,20	577,45	255,89	833,34
6	98 735,31	575,96	257,38	833,34
7	98 477,93	574,45	258,89	833,34
8	98 219,04	572,94	260,40	833,34
9	97 958,64	571,43	261,91	833,34
10	97 696,73	569,90	263,44	833,34
11	97 433,29	568,36	264,98	833,34
12	97 168,31	566,82	266,52	833,34
	Saldo neu	**Zinsen gesamt**	**Tilgung gesamt**	**Jahresrate**
	96 901,79	**6 901,87**	**3 098,21**	**10 000,08**

Bei diesem Beispiel sind also nach einem Jahr ca. 3 Prozent oder ca. 3.100,– DM der Darlehenssumme getilgt. Das heißt, dass im zweiten Jahr nur noch eine Darlehenssumme (Valuta) von 96.900,– DM besteht. Da die Raten immer gleich bleiben, verringert sich im zweiten Jahr notwendigerweise der Zinsanteil zugunsten des Tilgungsanteils. Im Ergebnis bedeutet dies, dass ein Zehntel des Darlehens nach ca. drei Jahren, die Hälfte nach ca. 11 Jahren getilgt ist. Die vollständige Tilgung wäre nach ca. 17 Jahren erreicht. Immer gleich bleibende Zinskonditionen vorausgesetzt.

Bevor Banken/Sparkassen eine Darlehensvergabe vornehmen, prüfen sie zunächst die Bonität ihres Kunden. Die Bonitätsprüfung erfolgt nach bankinternen Richtlinien. Diese Richtlinien unterscheiden sich nicht wesentlich. Die einzelnen Kreditsachbearbeiter klären danach im Prinzip folgende Punkte:

1. Kann der Darlehensnehmer die Zins- und Tilgungsleistungen während der gesamten Fremdfinanzierungszeit aufbringen?
2. Der Nachweis kann geführt werden durch
   a) aktuelle Lohn- bzw. Gehaltsbescheinigungen,
   b) Einkommensteuerbescheide,
   c) Einnahmen-/Überschußberechnung.
3. Steuervorteile oder öffentliche Fördermittel müssen außer Betracht bleiben.
4. Aufwendungsdarlehen und Zuschüsse dürfen dem Nettoeinkommen nur dann zugeschlagen werden, wenn die Mindestlaufzeit für das Darlehen 10 Jahre beträgt.
5. Für die Kontrollrechnung dient als Faustregel, dass nach Abzug des Kapitaldienstes dem Darlehensnehmer monatlich verbleiben müssen
   a) Alleinstehende 1.000,– DM
   b) Ehepaare 1.500,– DM
   c) je Kind erhöht sich der Betrag um 300,– DM

   Der maximale Kapitaldienst soll 50 Prozent des Nettoeinkommens nicht übersteigen.

Tipp: Es kann sicher nicht schaden, wenn Sie sich auf das Gespräch mit dem finanzierenden Kreditinstitut so vorbereiten, dass Sie selbst an sich die Kriterien anlegen, die Banken für gewöhnlich anzulegen pflegen. Diese Vorbereitung wappnet sie nicht nur gegen unerwartete und unangenehme Fragen, sondern verleiht Ihnen auch größere Sicherheit im Auftreten und unterstreicht gegenüber dem Kreditsachbearbeiter die Ernsthaftigkeit Ihres Anliegens.

Als nächstes ermitteln die Banken/Sparkassen die Beleihungsgrenze des zu finanzierenden Objektes. Bei einem Darlehensnehmer der „Otto Normalverbraucher" heißt, sind das maximal 80 Prozent des Beleihungswertes. Dabei wird der Beleihungswert wie folgt errechnet:

Anschaffungskosten	300.000,– DM
abzgl. 10 Prozent Abschlag	30.000,– DM
Beleihungswert	270.000,– DM
davon 80 Prozent	216.000,– DM

Die Bank/Sparkasse finanziert also bei einem Kaufpreis von 300.000,– DM allenfalls 216.000,– DM. In der Praxis bedeutet das aber nicht, dass die Bank auch ein Darlehen in Höhe von 216.000,– DM gewährt.

Jetzt wird die „Schere" erneut angesetzt. Banken/Sparkassen wollen und müssen immer auf der sicheren Seite sein. Deshalb finanzieren sie von diesem Betrag allenfalls 60 Prozent mit einer erstrangigen Sicherung. Die restlichen 40 Prozent müssen dann mit einem höheren Zinssatz zweitrangig gesichert bzw. finanziert werden. Unser Beispiel sieht letztlich wie folgt aus:

Anschaffungskosten	300.000,– DM
abzgl. 10 Prozent Abschlag	30.000,– DM
Beleihungswert	270.000,– DM
davon 80 Prozent	216.000,– DM
erstrangige Finanzierung	129.600,– DM
zweitrangige Finanzierung	86.400,– DM
erforderliches Eigenkapital	84.000,– DM

Für Bankdarlehen müssen natürlich Zinsen gezahlt werden. Man unterscheidet Darlehen mit einer festen Zinsbindung für eine bestimmte Zeit und Darlehen mit variablen Zinsen.

Es liegt auf der Hand, dass der Zinssatz ein wichtiges Kriterium für ein Darlehen ist. Wenn man von einem Zinssatz für ein Darlehen spricht, handelt es sich um den Nominalzins. Das ist der Zinssatz, mit dem das Darlehen verzinst wird. Die Höhe dieses Zinssatzes hängt nicht zuletzt von der Laufzeit bzw. der Zinsbindungsfrist des Darlehens ab. Je länger die Laufzeit, desto höher der Nominalzins. Das ist auch einleuchtend, weil niemand in die „Zinszukunft" sehen kann und die Bank deshalb ein Risiko eingeht, das sie sich auch vom Kunden bezahlen lässt.

In der Praxis sind Zinsbindungsfristen von fünf, zehn und fünfzehn Jahren üblich. In Zeiten niedriger Hypothekenzinsen wird der Darlehensnehmer natürlich an einer langen Zinsbindungsfrist interessiert sein. In einer Hochzinsphase kommt dagegen niemand auf die Idee, ein Darlehen mit langer Zinsbindungsfrist aufzunehmen.

Ob im speziellen Fall eine lange oder eine kurze Zinsbindungsfrist günstig ist, hängt von mehreren Faktoren ab.

1. Ein ganz wichtiger Faktor ist die finanzielle Belastbarkeit des Darlehensnehmers. Wer knapp kalkulieren muss, für den empfiehlt sich eine längerfristige Bindung. Ein kurzfristiges Darlehen kostet zwar weniger. Wenn aber nach Ablauf der kurzfristigen Bindung eine Hochzinsphase herrscht, ist der dann fällige Abtrag oft nicht mehr zu erbringen.
2. Auch die Höhe der Darlehenssumme spielt eine Rolle. Bei kleineren Darlehen ist sogar an einen variablen Zinssatz zu denken.
3. Letztlich spielt die Möglichkeit der Sondertilgung eine nicht zu vernachlässigende Rolle. Normalerweise sind Sondertilgungen erst nach Ablauf der Zinsbindungsfrist möglich. Wenn jedoch vertraglich eine vorzeitige Rückzahlung des Darlehens vereinbart ist, kann ein langfristiges Darlehen durchaus interessant sein. Gibt es während der Laufzeit eine

Niedrigzinsphase, kann man umstellen. Aber Achtung, die Möglichkeit der vorzeitigen Sondertilgung wirkt sich meist auf die Höhe des Zinssatzes aus.

4. Eine optimale Lösung bei hohen Darlehenssummen ist ein so genannter Zinsmix. Dabei wird die Darlehenssumme unterteilt und mit verschieden langen Bindungsfristen gewährt. Das gibt nicht nur eine gewisse Sicherheit bei knapper Finanzdecke, sondern erlaubt auch Sondertilgungen ohne vertragliche Vereinbarungen, weil ja am Ende der Zinsbindungsfrist auf jeden Fall eine Sonderzahlung vorgenommen werden kann. Der Darlehensnehmer muss ja bezüglich des Teils des Darlehens, dessen Zinsbindungsfrist abgelaufen ist, einen neuen Darlehensvertrag mit der Bank/Sparkasse schließen.
5. Darlehen mit einem variablen Zinssatz sind entweder in einer Hochzinsphase oder bei kleineren Darlehenssummen interessant. Fallen die Zinsen, so kommen sie (meist allerdings mit einiger Verzögerung) auch dem Darlehensnehmer zugute. Steigen hingegen die Zinsen, so geben die Banken/Sparkassen die Erhöhung in aller Regel sofort an den Kunden weiter. Der Vorteil eines variablen Zinssatzes liegt jedoch insbesondere darin, dass das Darlehen jederzeit unter Einhaltung der dreimonatigen gesetzlichen Frist gekündigt oder aber zurückgezahlt werden kann.

Der Nominalzins sagt aber nichts darüber aus, was das Darlehen den Darlehensnehmer wirklich kostet. Deshalb kann der Kunde an Hand des Nominalzinses Angebote der Banken/Sparkassen gar nicht vergleichen. Ein annähernder Vergleich ist nur durch den Effektivzins möglich.

Ein Kreditgeber hat nach der Preisangabenverordnung (PAngV) stets den effektiven Jahreszins anzugeben. Bankdarlehen sind Kredite mit veränderlichen Zahlungsbedingungen, sodass man in diesen Fällen vom anfänglichen effektiven Jahreszins spricht. In der Berechnung des effektiven Jahreszinses müssen insbesondere folgende Angaben enthalten sein:

1. Darlehenssumme,
2. Nominalzins,
3. Bearbeitungsgebühren,
4. Vermittlungsprovisionen,
5. ein eventuelles Disagio,
6. die Zins- und Tilgungsverrechnung.

Mit diesen Angaben werden die Angebote verschiedener Banken/Sparkassen schon eher vergleichbar. Natürlich können an Hand des effektiven Jahreszinses nur Darlehen mit gleicher Laufzeit verglichen werden.

Neben den Kosten, die der effektive Jahreszins enthalten muss, fallen aber noch weitere Nebenkosten an, die die Kreditgeber nicht bei der Berechnung des effektiven Jahreszinses berücksichtigen müssen. Aber gerade diese Nebenkosten können ordentlich ins Gewicht fallen. Weitere Nebenkosten sind insbesondere:

1. Schätzkosten,
2. Bereitstellungszinsen,
3. Teilauszahlungszuschläge,
4. Kontoführungsgebühren.

Allein bei den Schätzkosten für das zu beleihende Objekt wird die Brisanz deutlich. Vordergründig macht es keinen Unterschied, ob der Kreditgeber 1 Prozent der Darlehenssumme als Bearbeitungsgebühr oder als Schätzkosten berechnet. Sind die Schätzkosten in den Bearbeitungsgebühren enthalten, so finden sie auch Eingang in den effektiven Jahreszins. Werden Schätzkosten extra berechnet, so enthält der effektive Jahreszins diese Kosten nicht. Bei einer Darlehenssumme von 100.000,– DM sind 1 Prozent immerhin 1.000,– DM.

Tipp: Wenn man also die Angebote verschiedener Banken/Sparkassen vergleichen will, müssen neben dem effektiven Jahreszins auch noch die Nebenkosten berücksichtigt werden.
Vergessen Sie bei Ihrer Betrachtung nicht die Notarkosten, Maklergebühren und die Grunderwerbsteuer.

Ein ehrliches Darlehensangebot einer Bank/Sparkasse sieht ungefähr wie folgt aus:

Genaue Bezeichnung der Bank/Sparkasse
Berater: Vorname, Nachname
Tel.Nr.: ....

Verbindliches Angebot über ein Annuitätendarlehen

Darlehensbetrag	100.000,– DM
Auszahlungsbetrag (100 Prozent)	100.000,– DM
Nettokreditbetrag	100.000,– DM
Monatliche Ratenhöhe	625,– DM
Tilgungssatz p.a.	1 Prozent
Nominalzins	6,5 Prozent
Anf. effektiver Jahreszins	6,72 Prozent
Zusätzliche Gebühren	384,– DM
Zinsbindungsfrist	10 Jahre
Restschuld nach Ablauf der Zinsbindungsfrist	86.140,– DM
Sondertilgung sind möglich	ja / nein
Vorfälligkeitszinsen fällig	ja / nein

Tipp: Bestehen Sie auf einem Zins- und Tilgungsplan, den die Bank bzw. die Sparkasse per Computer in Minutenschnelle erstellen kann. Vergleichen Sie bei Angeboten verschiedener Banken die Restschuld am Ende der Zinsbindungsfrist. Die niedrigste Restschuld ist das beste Angebot.

Kleine Fehler oder Unachtsamkeiten bei Abschluss eines Darlehensvertrages können richtig teuer werden. Bevor Sie einen Darlehensvertrag unterschreiben, sollten Sie noch einmal die folgende Checkliste durchgehen.

Checkliste für einen Darlehensvertrag

1. Ermitteln Sie ganz sorgfältig Ihren Darlehensbedarf.
2. Welchen monatlichen Abtrag können Sie sich leisten (siehe Seite 104 ff.)?
3. Machen Sie dem Kreditgeber klare Vorgaben bezüglich des Darlehensbedarfs, der möglichen monatlichen Raten und der Zinsbindungsfrist.
4. Lassen Sie sich den anfänglichen effektiven Jahreszins und die Restschuld nach Ablauf der Zinsbindungsfrist schriftlich mitteilen.
5. Bestehen Sie auf der schriftlichen Benennung der weiteren Nebenkosten (also Nebenkosten zusätzlich zum effektiven Jahreszins).
6. Vergessen Sie bei Ihrer Berechnung nicht die weiteren Kosten (Notar, Makler, Grunderwerbsteuer).
7. Vergleichen Sie nicht nur den effektiven Jahreszins und die weiteren Nebenkosten, sondern auch die Restschuld nach Ablauf der Zinsbindungsfrist.

8. Lassen Sie sich auf kein Disagio ein, weil dies keine steuerlichen Vorteile mehr bringt.
9. Achten Sie darauf, dass das Darlehen auch zu dem Zeitpunkt ausgezahlt wird, an dem der Kaufpreis fällig wird.
10. Verhandeln Sie hart. Die Bank/Sparkasse ist kein Wohltäter, sondern verdient mit der Gewährung des Darlehens Geld.
11. Unterschreiben Sie den Darlehensvertrag nicht sofort. Nehmen Sie die Unterlagen mit nach Hause und prüfen Sie in aller Ruhe. Auf den Seiten 138 ff. finden Sie Muster von allen Verträgen und Erklärungen, die Sie bei der Bank/Sparkasse unterschreiben müssen. Lesen Sie auch in Ruhe die entsprechenden Erläuterungen. Nur vor der Unterschrift haben Sie der Bank gegenüber eine starke Verhandlungsposition.

Tipp: Wenn der Kreditsachbearbeiter Ihnen die Unterlagen zur Prüfung nicht aushändigen will und auf einer sofortigen Unterschrift besteht, nehmen Sie Abstand, Ihren Hauskauf mit dieser Bank/Sparkasse zu finanzieren. Die Verträge haben mit Sicherheit einen Haken, den Sie nicht erkennen sollen.

Die Finanzierung über eine Kapitallebensversicherung

Um es gleich vorwegzunehmen, diese Art der Finanzierung rechnet sich allenfalls dann, wenn Sie jung und so vermögend sind, dass Sie Kapitalertragssteuer zahlen müssen. Außerdem muss noch hinzukommen, dass Sie die Immobilie, die Sie kaufen wollen, als Kapitalanlage benutzen. Für die Bezahlung der eigenen vier Wände ist dieser Finanzierungsweg ungeeignet.

Das Prinzip einer Versicherungsfinanzierung ist ganz einfach. Der Kunde schließt eine oder mehrere Kapitallebensversicherungen ab. Die Laufzeit dieser Versicherungsverträge beträgt meist 20 bis 30 Jahre. Zum Zeitpunkt des Kaufs des Hauses gibt der Versicherer ein Hypothekendarlehen, mit dem der Kunde den Kaufpreis begleichen kann. Das Darlehen ist tilgungsfrei, so dass der Kunde „lediglich" die Zinsen für das Darlehen zu zahlen hat. Die Tilgung des Darlehens erfolgt aus der Ablaufleistung des Lebensversicherers, wobei diese aus der Versicherungssumme und den Beteiligungen der erwirtschafteten Überschüsse besteht.

Und hier ist schon der erste gravierende Haken an der ganzen Sache. Die Versicherungssumme macht in der Regel nur die Hälfte der Ablaufleistung aus. Die andere Hälfte kann nur prognostiziert werden. Wirtschaftet die Versicherungsgesellschaft schlecht, sind die Gewinnanteile niedrig und reichen zur Tilgung der gesamten Darlehenssumme nicht mehr aus. In diesen Fällen wird meist eine teure Anschlussfinanzierung nötig. Welcher Versicherungsvertreter erklärt seinen Kunden schon, dass die Überschußanteile nur vage Schätzungen sind.

Einige Versicherungsgesellschaften kalkulieren ihr Angebot so, dass der Darlehensbetrag am Ende der Laufzeit aus der geschätzten Ablaufleistung getilgt wird. Bei diesem Modell ist eine – in der Regel sehr teure – Anschlussfinanzierung fast schon vorprogrammiert.

Andere Versicherer kalkulieren eine so hohe Ablaufleistung, dass der Versicherte noch einen gehörigen Betrag neben der Darlehenstilgung ausgezahlt bekommt. Nachteil ist, dass die Beiträge entsprechend hoch sind, damit das Modell funktioniert.

Ein alternatives Angebot ist die stufenweise Tilgung der Darlehenssumme über Teilauszahlungen. Die grundsätzlichen Nachteile bleiben aber auch bei diesem Modell. Lediglich die Gefahr einer relativ hohen Nachtragsfinanzierung wird etwas geringer. Dafür sind die Versicherungsprämien auch entsprechend höher.

Die Nachteile einer Versicherungsfinanzierung kann man wie folgt zusammenfassen:

1. Weil das angesparte Kapital nicht als Eigenkapital zur Verfügung steht, muss die Darlehenssumme höher sein als z. B. bei einer Bankfinanzierung oder einer Finanzierung über einen Bausparvertrag.
2. Die Rendite der Kapitallebensversicherung ist in aller Regel niedriger als der Zinssatz für das Darlehen, den ja der Versicherte neben dem Beitrag zur Lebensversicherung zahlen muss.
3. Die Höhe der Ablaufleistung setzt sich aus der Versicherungssumme und den Überschußbeteiligungen zusammen. Die Höhe der Überschußbeteiligungen kann jedoch nur geschätzt werden und hängt von der Geschäftstüchtigkeit der Versicherungsgesellschaft ab.
4. Die Beleihungsgrenze ist niedriger als bei Bankdarlehen.
5. Der Versicherungsschutz für die Familie kann weitaus billiger durch eine Risikolebensversicherung erreicht werden.

Es ist natürlich keine Frage, dass für bestimmte Kunden (z. B. für Beamte und Selbstständige) eine solche Finanzierung vorteilhaft sein kann. Insbesondere ist dies dann der Fall, wenn die Versicherungsbeiträge steuerlich abgesetzt werden können. Außerdem unterliegen die Überschußanteile zum Zeitpunkt ihrer Entstehung noch nicht der Kapitalsteuer. Die gleichbleibende Zinszahlung kann eventuell sogar als Aufwendung steuerlich abgesetzt werden.

ACHTUNG

Viele Versicherungsvertreter argumentieren damit, dass die Beiträge zur Lebensversicherung als Versorgungsaufwendungen steuerlich absetzbar sind. Das ist nur theoretisch richtig. Meist ist nämlich der absetzbare Höchstbetrag schon durch die anderen Sozialabgaben erreicht. Außerdem ändert sich manches mit der nächsten Steuerreform!

Zusammenfassend kann man sagen, dass eine Versicherungsfinanzierung in aller Regel die ungeeignetste Art der Finanzierung der eigenen vier Wände ist. Für „Otto Normalverbraucher" ist es mit Sicherheit die teuerste Finanzierungsart. Beamte und Selbstständige sollten ganz genau rechnen und vorher Ihren Steuerberater fragen, ob sich diese Art der Finanzierung auch tatsächlich rechnet.

Diese Aussage gilt immer dann, wenn zum Zwecke der Baufinanzierung eine Lebensversicherung **neu** abgeschlossen werden soll. Etwas anders sieht es aus, wenn eine **alte** Lebensversicherungspolice vorhanden ist. Um nicht zu theoretisch zu bleiben, soll an einen Fall gedacht werden, der in der Realität in dieser oder jener Variation immer wieder vorkommt.

Nehmen wir an, ein 40-jähriger Mann entschließt sich, weil er ausreichend Eigenkapital zusammengespart und vielleicht gerade auch etwas geerbt hat, doch noch zum Kauf des eigenen Hauses. Nehmen wir weiter an, dieser Mann findet in seiner Schublade eine Lebensversicherungspolice über 50.000,– DM Versicherungssumme, die man ihm in seiner Studentenzeit aufgeschwatzt hat. Er wollte sie eigentlich schon längst gekündigt haben, hat es aber immer wieder unterlassen, weil die günstige Prämie, zu der er als 25-jähriger den Vertrag schloss, nicht allzu sehr drückte. Jetzt sind 15 Jahre der insgesamt 25-jährigen Laufzeit schon abgelaufen. Versicherungssumme und Überschussbeteiligung werden also in zehn Jahren fällig. Jetzt könnte sich ein Lebensversicherungsdarlehen – zumindest als Teil einer Gesamtfinanzierung – rechnen, denn auch die Dauer der Zinszahlung reduziert sich auf zehn Jahre. Ein Darlehen über 100.000,– DM kostet ihn also jetzt – einen Zinssatz von 7 Prozent unterstellt – nur 70.000,– DM Zinsen. Wollte er jetzt ein Bankdarlehen über 100.000,– DM aufnehmen, müsste er es – gleiche Zinskonditionen unterstellt – bei einer Laufzeit von 25 Jahren mit einem Satz von 1,5 Prozent tilgen. An Zinsen hätte er in diesen 25 Jahren zusammen 112.458,30 DM zu zahlen. Rechnet er am Ende der Laufzeiten beider Verträge zusammen, dann hat er der Bank 212.500,– DM gezahlt (25 Jahre Zins und Tilgung), der Versicherung rund 95 000,– DM (25 Jahre Prämie, 10 Jahre Zinsen).

Der Darlehensvertrag

Egal, für welche Art der Finanzierung Sie sich entscheiden, ohne ein Bankdarlehen wird es in aller Regel nicht gehen. Selbst wenn Anschluss- oder Zwischenfinanzierungen erforderlich werden, muss ein Darlehensvertrag mit der Bank oder Sparkasse geschlossen werden.

Obwohl der Ruf der Banken und Sparkassen bei der Gewährung von Krediten nicht immer der allerbeste ist, kann man grundsätzlich davon ausgehen, dass alles mit rechten Dingen zugeht.

Natürlich verschenken Banken und Sparkassen kein Geld. Sie sind auch nicht das Sozialamt. Nicht Misstrauen ist angesagt, aber eine gesunde Skepsis und eine genaue Prüfung sind unumgänglich, um nicht ohne Not mehr für das Darlehen zu zahlen, als unbedingt notwendig ist.

Der Inhalt eines Darlehensvertrages

Die Banken und Sparkassen benutzen für die Darlehensverträge Formulare. Heute werden die Verträge auch oft schon per Computer erstellt. Aber auch dann handelt es sich im Grunde auch nur um Formulare. Unabhängig von der Bank/Sparkasse muss ein Darlehensvertrag nach § 4 des Verbraucherkreditgesetzes (VerbrKrG) folgende Voraussetzungen erfüllen bzw. folgende Angaben enthalten:

1. zunächst muss ein Darlehensvertrag (Kreditvertrag) schriftlich abgeschlossen werden;
2. es muss der Nettokreditbetrag (notfalls die Höchstgrenze des Kredites) angegeben sein;

3. weiterhin muss der Gesamtbetrag alle vom Kreditnehmer zur Tilgung des Kredites sowie zur Zahlung der Zinsen und sonstige Kosten enthalten;
4. die Art und Weise der Rückzahlung des Kredites muss unmissverständlich geregelt sein;
5. die Höhe der Zinsen und aller sonstigen Kosten, einschließlich eventueller Vermittlungskosten;
6. den effektiven Jahreszins bzw. den anfänglichen effektiven Jahreszins;
7. die Kosten für eine Restschuldversicherung oder anderer Versicherungen, die im Zusammenhang mit dem Darlehen vom Darlehensnehmer abzuschließen sind;
8. letztlich die zu bestellenden Sicherheiten.

Wenn ein Darlehensvertrag eine der unter 1–7 genannten Voraussetzungen nicht erfüllt, ist er nichtig (§ 6 VerbrKrG). Es lohnt sich also, alles genau zu prüfen und sehr sorgsam beim Abschluss eines Kreditvertrages zu sein. Immerhin geht es ja auch um eine Menge Geld, das der Kreditnehmer nicht hat.

Auf den folgenden Seiten ist das Formular eines Darlehensvertrages, wie es die Volks- und Raiffeisenbanken verwenden, als Beispiel abgebildet.

Da mit dem Darlehensvertrag auch die Allgemeinen Darlehensbedingungen des Kreditinstituts anerkannt werden müssen, finden Sie auf den nachfolgenden Seiten auch ein Muster dieser Allgemeinen Darlehensbedingungen der Volks- und Raiffeisenbanken.

Formular eines Darlehensvertrages der Volks- und Raiffeisenbanken

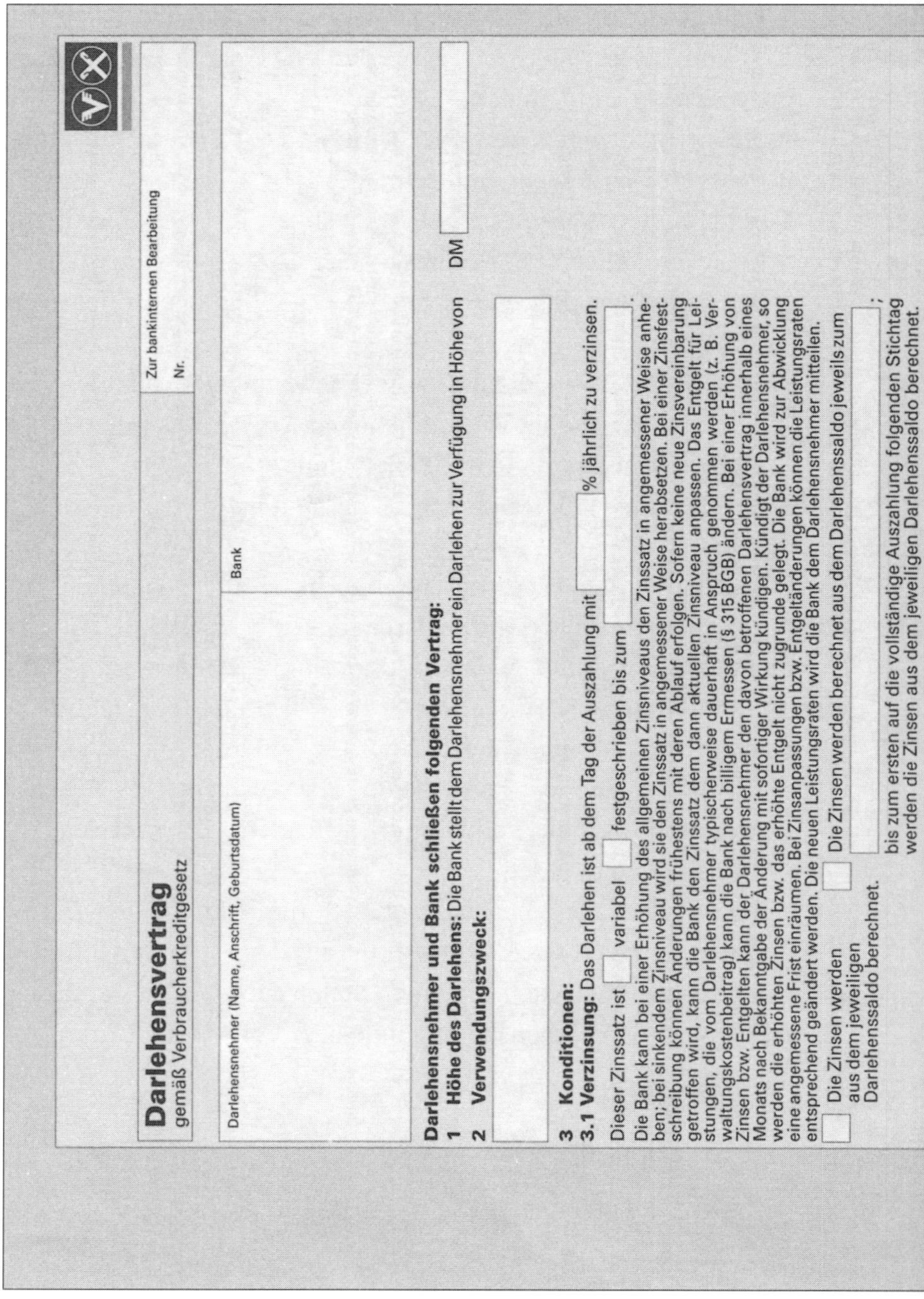

Darlehensvertrag
gemäß Verbraucherkreditgesetz

Zur bankinternen Bearbeitung
Nr.

Darlehensnehmer (Name, Anschrift, Geburtsdatum)

Bank

Darlehensnehmer und Bank schließen folgenden Vertrag:

1 **Höhe des Darlehens:** Die Bank stellt dem Darlehensnehmer ein Darlehen zur Verfügung in Höhe von DM

2 **Verwendungszweck:**

3 **Konditionen:**

3.1 **Verzinsung:** Das Darlehen ist ab dem Tag der Auszahlung mit % jährlich zu verzinsen.

Dieser Zinssatz ist ☐ variabel ☐ festgeschrieben bis zum .

Die Bank kann bei einer Erhöhung des allgemeinen Zinsniveaus den Zinssatz in angemessener Weise anheben; bei sinkendem Zinsniveau wird sie den Zinssatz in angemessener Weise herabsetzen. Bei einer Zinsfestschreibung können Änderungen frühestens mit deren Ablauf erfolgen. Sofern keine neue Zinsvereinbarung getroffen wird, kann die Bank den Zinssatz dem dann aktuellen Zinsniveau anpassen. Das Entgelt für Leistungen, die vom Darlehensnehmer typischerweise dauerhaft in Anspruch genommen werden (z. B. Verwaltungskostenbeitrag) kann die Bank nach billigem Ermessen (§ 315 BGB) ändern. Bei einer Erhöhung von Zinsen bzw. Entgelten kann der Darlehensnehmer den davon betroffenen Darlehensvertrag innerhalb eines Monats nach Bekanntgabe der Änderung mit sofortiger Wirkung kündigen. Kündigt der Darlehensnehmer, so werden die erhöhten Zinsen bzw. das erhöhte Entgelt nicht zugrunde gelegt. Die Bank wird zur Abwicklung eine angemessene Frist einräumen. Bei Zinsanpassungen bzw. Entgeltänderungen können die Leistungsraten entsprechend geändert werden. Die neuen Leistungsraten wird die Bank dem Darlehensnehmer mitteilen.

☐ Die Zinsen werden aus dem jeweiligen Darlehenssaldo berechnet.

☐ Die Zinsen werden berechnet aus dem Darlehenssaldo jeweils zum ; bis zum ersten auf die vollständige Auszahlung folgenden Stichtag werden die Zinsen aus dem jeweiligen Darlehenssaldo berechnet.

Die Zinsen sind fällig am ______ eines jeden

☐ Monats ☐ Kalendervierteljahres ☐ Kalenderhalbjahres ☐ Kalenderjahres

3.2 Auszahlung: Das Darlehen wird zu einem Auszahlungskurs von ______ % ausgezahlt.

Das Disagio beträgt ./. DM ______

Es ist fällig: ☐ in voller Höhe bei Auszahlung des Darlehens oder eines ersten Teilbetrags ☐ anteilig bei jeder Teilauszahlung ☐ unabhängig vom Tag der Auszahlung am ______

3.3 Bearbeitungsentgelt: Das einmalige, sofort fällige, nicht laufzeitabhängige Bearbeitungsentgelt beträgt ______ % vom Darlehensbetrag. ./. DM ______

3.4 Kosten, Nebenleistungen, Nettokreditbetrag:
Außer dem Disagio und dem Bearbeitungsentgelt werden einbehalten:

☐ Beitrag für Restkreditversicherung ./. DM ______

☐ Wertermittlungskosten ./. DM ______

☐ ______ ./. DM ______

☐ ______ ./. DM ______

Nettokreditbetrag: Der Nettokreditbetrag wird dem Girokonto Nr. ______ DM ______
ganz oder in Teilbeträgen gutgeschrieben.

Sonstige Kosten: z. B. Lebensversicherungsbeiträge, Abschlußprovision u. Ansparraten für Bausparvertrag

☐ Bereitstellungsprovision von ______ % pro ______ auf den ab ______ nicht zur Auszahlung kommenden Betrag bis zur vollen Auszahlung, jeweils fällig mit den Zinsen.

☐ Einmalige Abstandsprovision von ______ % auf den endgültig nicht zur Auszahlung kommenden Darlehensteilbetrag. Den Vertragsparteien bleibt der Nachweis vorbehalten, ein Schaden sei wesentlich niedriger oder höher oder überhaupt nicht entstanden.

☐ Jährlicher Verwaltungskostenbeitrag DM ______

☐ ______ DM ______

☐ ______ DM ______

☐ ______ DM ______

Weitere sonstige Kosten: z. B. Sachversicherungsprämie, sofern Versicherung Bedingung für das Darlehen

☐ Barauslagen DM ______

☐ ______ DM ______

☐ ______ DM ______

☐ Notar- und Grundbuchkosten gemäß gesetzlichen Bestimmungen

Rückseite des Formulars des Darlehensvertrages

4 Darlehensrückzahlung: Das Darlehen ist wie folgt zurückzuzahlen:

4.1 ☐ in voller Höhe am ______

4.2 ☐ in Raten von DM ______ jeweils fällig am ______, erstmals am ______.

Daneben sind in den Fällen 4.1 und 4.2 die Zinsen zu den in 3.1 vereinbarten Fälligkeitsterminen zu zahlen.

4.3 ☐ in Höhe von ______ % jährlich vom ursprünglichen Darlehensbetrag zuzüglich der durch Tilgung ersparten Zinsen.
Demnach beträgt die Leistungsrate aus Zins und Tilgung z. Zt. DM ______
jeweils fällig am ______, erstmals am ______

4.4 ☐ in Raten für Zins und Tilgung von DM ______ jeweils fällig am ______,
erstmals am ______ mit vorrangiger Verrechnung auf die Zinsen.

Bei Zinssatzänderungen können die Leistungsraten in den Fällen von 4.3 und 4.4 entsprechend geändert werden. Die neuen Leistungsraten wird die Bank dem Darlehensnehmer mitteilen.

Soweit nichts anderes vereinbart wurde, werden fällige Beträge (z. B. Zinsen oder Leistungsraten) dem Belastungskonto
Nr. ______ belastet.

5 Effektiver bzw. anfänglicher effektiver Jahreszins: ______ %. Der unter 3.1 ausgewiesene Zinssatz kann unter den dort genannten Voraussetzungen geändert werden. Hierbei wurde verrechnet:

______ auf einen Zeitraum von ______;
______ auf einen Zeitraum von ______.

Bei der Berechnung des effektiven bzw. anfänglichen effektiven Jahreszinses wurde eine Auszahlung
☐ zu Beginn der auf den Abschluß des Darlehensvertrags folgenden Abrechnungsperiode; ☐ zum ______
angenommen. Ist ein Disagio vereinbart worden, erhöht sich der Effektivzins, soweit das Darlehen zu einem späteren Zeitpunkt ausgezahlt wird.

6 Gesamtbetrag (alle vom Darlehensnehmer zu leistenden Teilzahlungen einschließlich Tilgung, Zinsen und Kosten – soweit bezifferbar –)[1]: **DM** ______

Der Gesamtbetrag wurde aufgrund der bei Abschluß des Vertrags maßgeblichen Konditionen errechnet. **Die Höhe des Gesamtbetrags ändert sich bei einer Änderung der Konditionen.** Bei der Berechnung wurde ein Auszahlungszeitpunkt
☐ zu Beginn der auf den Abschluß des Darlehensvertrags folgenden Abrechnungsperiode; ☐ zum ______
angenommen.

7 Sicherheiten: Alle der Bank zustehenden Sicherheiten sichern alle bestehenden, künftigen und bedingten Ansprüche der Bank aus der Geschäftsverbindung mit dem Darlehensnehmer, soweit nicht im Einzelfall außerhalb dieses Vertrags etwas anderes vereinbart ist; dies gilt auch für bereits bestellte, hier nicht aufgeführte und aufgrund der Allgemeinen Geschäftsbedingungen haftende Sicherheiten. Zusätzlich stellt der Darlehensnehmer der Bank mit gesonderten Vereinbarungen noch folgende Sicherheiten:

Das Darlehen kann erst in Anspruch genommen werden, wenn sämtliche Bedingungen erfüllt sind, die vorgesehenen Sicherheiten bestellt wurden und die Bank deren Ordnungsmäßigkeit geprüft hat.

8 Weitere Darlehensbedingungen:

Die beigehefteten **Allgemeinen Darlehensbedingungen** sind Bestandteil dieses Vertrags.

Ort, Datum	Ort, Datum
Darlehensnehmer	Bank

Information über das Recht zum Widerruf [1]

Als Darlehensnehmer steht mir/uns das gesetzliche Recht zum Widerruf zu. Danach ist die auf den Abschluß dieses Darlehensvertrags gerichtete Willenserklärung erst wirksam, wenn sie nicht binnen **einer Frist von einer Woche schriftlich widerrufen wird.** Zur Wahrung der Frist genügt die rechtzeitige Absendung des Widerrufs. Der Lauf der Frist beginnt mit Aushändigung der Durchschrift dieser Information über das Recht zum Widerruf. Hat der Darlehensnehmer das Darlehen empfangen, gilt der Widerruf als nicht erfolgt, wenn er das Darlehen nicht binnen zweier Wochen entweder nach Erklärung des Widerrufs oder nach Auszahlung des Darlehens zurückzahlt.

Der schriftliche Widerruf ist zu richten an:

Bank, vollständige Postanschrift

Ort, Datum	Darlehensnehmer

[1] Diese Information ist nicht erforderlich, sofern es sich um ein grundpfandrechtlich gesichertes Darlehen im Sinne von § 3 Abs. 2 Nr. 2 Verbraucherkreditgesetz handelt.

Allgemeine Darlehensbedingungen. Anlage zum Darlehensvertrag

Allgemeine Darlehensbedingungen

1 Einschränkung der Übertragbarkeit und Aufrechnungsbefugnis

Der Anspruch auf Auszahlung des Darlehens ist nur mit Zustimmung der Bank abtretbar oder verpfändbar.
Der Darlehensnehmer kann gegen Forderungen der Bank nur aufrechnen, wenn seine Forderungen unbestritten oder rechtskräftig festgestellt sind.

2 Darlehenskonto

Die Bank wird für den Darlehensnehmer ein Darlehenskonto einrichten. Kosten können mit der nächsten fälligen Leistungsrate verrechnet werden.

3 Kündigung

Der Darlehensnehmer kann das Darlehen jederzeit mit einer Frist von drei Monaten ganz oder teilweise kündigen. Bei einer Zinsfestschreibung kann der Darlehensnehmer das Darlehen mit einer Frist von einem Monat, frühestens zum Ablauf dieser Festschreibungsfrist ganz oder teilweise kündigen. Wenn der Darlehensnehmer eine natürliche Person und das Darlehen nicht durch Grundpfandrechte gesichert ist, kann der Darlehensnehmer jedoch schon nach Ablauf von sechs Monaten nach dem vollständigen Darlehensempfang mit einer Frist von drei Monaten ganz oder teilweise kündigen; dies gilt nicht, wenn das Darlehen ganz oder überwiegend für gewerbliche oder berufliche Zwecke eingeräumt wurde. Eine Kündigung des Darlehensnehmers gilt als nicht erfolgt, wenn er den geschuldeten Betrag nicht binnen zweier Wochen nach Wirksamwerden der Kündigung zurückzahlt.
Die Bank kann die **Darlehenszusage,** für die weder eine Laufzeit noch eine abweichende Kündigungsregelung vereinbart ist, jederzeit ohne Einhaltung einer Kündigungsfrist kündigen. Dies gilt insbesondere, wenn

- sich wesentliche Veränderungen in den persönlichen bzw. wirtschaftlichen Verhältnissen des Darlehensnehmers oder der Sache ergeben, oder wenn die Gesamtfinanzierung nicht mehr gesichert erscheint;
- die der Bank zu bestellenden Sicherheiten nicht innerhalb der gesetzten Frist vereinbarungsgemäß verschafft werden;
- sich die erhaltenen Angaben als unrichtig erweisen oder die Fertigstellung eines Beleihungsobjektes gefährdet erscheint.

Das **ausgezahlte Darlehen** kann die Bank nur bei Vorliegen eines wichtigen Grundes kündigen, der der Bank – auch unter Berücksichtigung der berechtigten Belange des Darlehensnehmers – die Fortsetzung des Darlehensverhältnisses unzumutbar werden läßt. Ein wichtiger Grund kann z. B. vorliegen, wenn

- der Darlehensnehmer nicht regelmäßig der Offenlegung seiner wirtschaftlichen Verhältnisse nach Nr. 10 der Darlehensbedingungen nachkommt;
- das von der Bank finanzierte oder beliehene Objekt ohne ihre Zustimmung veräußert wird;
- die Zwangsversteigerung oder Zwangsverwaltung des Beleihungsobjektes ganz oder eines seiner Teile angeordnet wird;
- Prämien auf eine an die Bank abgetretene Lebensversicherung nicht pünktlich bezahlt werden oder eine solche Versicherung gekündigt wird;
- oder planmäßige Sparleistungen auf einen an die Bank abgetretenen Bausparvertrag nicht pünktlich bezahlt werden oder der Bausparvertrag gekündigt wird.

Wegen **Zahlungsverzugs** kann die Bank nur kündigen:

a) bei Darlehen für gewerbliche Zwecke oder selbständige berufliche Tätigkeit oder bei grundpfandrechtlich gesicherten Darlehen im Sinne von § 3 Abs. 2 Nr. 2 Verbraucherkreditgesetz,
   - wenn der Darlehensnehmer mit der Zahlung von fälligen Leistungen länger als 14 Tage in Verzug ist

   und
   - auch nach Nachfristsetzung durch die Bank von mindestens weiteren 14 Tagen nicht zahlt.

b) bei allen sonstigen Darlehen,
   - wenn der Darlehensnehmer mit mindestens zwei aufeinanderfolgenden Teilzahlungen ganz oder teilweise und bei einer Laufzeit des Darlehens bis zu 36 Monaten mit mindestens 10 % des Nennbetrags des Darlehens, bei einer Laufzeit von über 36 Monaten mit mindestens 5 % des Nennbetrags des Darlehens in Verzug ist

   und
   - wenn die Bank dem Darlehensnehmer erfolglos eine zweiwöchige Frist zur Rückzahlung des rückständigen Betrags mit der Erklärung gesetzt hat, daß sie bei Nichtzahlung innerhalb der Frist die gesamte Restschuld verlange.

Die Bank wird bei der Ausübung ihres Kündigungsrechts auf die berechtigten Belange des Darlehensnehmers Rücksicht nehmen und ist jederzeit zu einem Gespräch über die Möglichkeiten einer einverständlichen Regelung bereit.

Im Fall einer Kündigung ohne Kündigungsfrist wird die Bank dem Darlehensnehmer für die Abwicklung eine angemessene Frist einräumen.

4 Vorfälligkeitsentgelt/Schadensersatz wegen Nichterfüllung

Wenn die Bank sich bei einer Zinsfestschreibung ausnahmsweise mit einer vorzeitigen ganzen oder teilweisen Darlehensrückzahlung einverstanden erklärt, hat der Darlehensnehmer dafür ein Entgelt zu zahlen. Die Höhe dieses Entgelts bestimmt die Bank nach den dann bestehenden Marktverhältnissen.

Wird das Darlehen vor Ablauf der Festschreibungsfrist durch Kündigung der Bank fällig, hat der Darlehensnehmer den durch die vorzeitige Rückzahlung entstehenden Schaden zu ersetzen. Bei einer vorzeitigen Rückzahlung des Darlehens erstattet die Bank das Bearbeitungsentgelt nicht anteilig zurück.

5 Verzug

Soweit der Darlehensnehmer mit Zahlungen, die er aufgrund des Darlehensvertrags schuldet, in Verzug kommt, ist der geschuldete Betrag mit 5 % über dem jeweiligen Diskontsatz der Deutschen Bundesbank zu verzinsen, wenn nicht im Einzelfall die Bank einen höheren oder der Darlehensnehmer einen niedrigeren Schaden nachweist. Dies gilt nicht bei grundpfandrechtlich gesicherten Darlehen im Sinne von § 3 Abs. 2 Nr. 2 Verbraucherkreditgesetz; in diesen Fällen berechnet die Bank den Verzugsschaden nach dem gewichteten durchschnittlichen Bruttosollzins.

6 Versicherungen

Der Darlehensnehmer ist verpflichtet, das Sicherungsgut samt Zubehör gegen diejenigen Gefahren, für die der Bank ein Versicherungsschutz erforderlich erscheint, in ausreichender Höhe zu versichern und dies der Bank auf Verlangen jederzeit, insbesondere durch Vorlegen der Versicherungsscheine, nachzuweisen. Der Darlehensnehmer hat dafür einzustehen, daß diese Verpflichtungen auch dann erfüllt werden, wenn ihm das Sicherungsgut nicht gehört.

7 Miet-/Pachtvorauszahlungen

Jede Art von Finanzierungsbeiträgen, die von Mietern oder Pächtern zu übernehmen sind, bedürfen der Zustimmung der Bank.

Rückseite des Formulars Allgemeine Darlehensbedingungen

8 Sicherheiten

Das Darlehen kann erst in Anspruch genommen werden, wenn sämtliche Bedingungen erfüllt sind, die vorgesehenen Sicherheiten bestellt wurden und die Bank deren Ordnungsmäßigkeit geprüft hat. Bei Baudarlehen erfolgt die Auszahlung üblicherweise nach Baufortschritt.

Bei Verbraucherdarlehen mit einem Nettokreditbetrag über 100.000 DM und bei Nichtverbraucherdarlehen kann die Bank vom Darlehensnehmer bei einer Verschlechterung oder erheblichen Gefährdung seiner Vermögenslage oder der eines Mithaftenden oder eines Bürgen oder bei einer Veränderung des Sicherungswerts der im Vertrag vorgesehenen zu bestellenden Sicherheiten, durch die das Risiko der ordnungsgemäßen Rückführung des Darlehens gegenüber dem Zustand bei Vertragsabschluß nicht unwesentlich erhöht wird, Bestellung zusätzlicher geeigneter Sicherheiten nach ihrer Wahl verlangen, auch wenn bisher keine Bestellung von Sicherheiten vereinbart war. Das gleiche gilt, wenn die Angaben über die Vermögensverhältnisse des Darlehensnehmers, eines Mithaftenden oder eines Bürgen sich nachträglich als unrichtig herausstellen.

Bei Verbraucherdarlehen mit einem Nettokreditbetrag bis zu 100.000 DM kann die Bank vom Darlehensnehmer die Bestellung einer Ersatzsicherheit verlangen, wenn die im Darlehensvertrag angegebene Sicherheit zerstört wird oder einen erheblichen Wertverlust erlitten hat.

9 Gesamtschuldner

Mehrere Darlehensnehmer haften als Gesamtschuldner, jeder von ihnen kann allein über das eingeräumte Darlehen verfügen.

10 Offenlegung der wirtschaftlichen Verhältnisse

Der Darlehensnehmer verpflichtet sich, während der Vertragslaufzeit zeitnah und regelmäßig – mindestens einmal jährlich – seine Vermögens- und Einkommensverhältnisse offenzulegen, hierzu Einsicht in seine Geschäftsbücher und Unterlagen zu gewähren und alle hierzu notwendigen Auskünfte zu erteilen. Soweit Jahresabschlüsse erstellt werden, sind diese – ggf. testiert – mit Erläuterungen unaufgefordert der Bank in Abschrift einzureichen.

Die Bank darf beim Grundbuchamt, Handelsregister, Güterrechtsregister oder Einwohnermeldeamt Auskünfte einholen, sich Unterlagen – insbesondere Abschriften aus öffentlichen Registern – beschaffen und dort Einsicht in die Register und Akten nehmen. Bei dem u. U. erforderlich werdenden Nachweis des berechtigten Interesses wird die Bank das Bankgeheimnis wahren.

11 Refinanzierung

Die Bank ist berechtigt, im Fall der Refinanzierung die Darlehensforderung abzutreten und die vom Darlehensnehmer bestellten Sicherheiten an die Refinanzierungsstelle zu übertragen.

12 Auslagen

Alle im Zusammenhang mit diesem Vertrag entstehenden Auslagen und Nebenkosten – auch aus der Beauftragung der zuständigen genossenschaftlichen Treuhandstelle – trägt der Darlehensnehmer. Auslagen und Nebenkosten werden dem Kontokorrentkonto des Darlehensnehmers belastet.

13 Vertragsänderung

Jede Änderung oder Ergänzung des Darlehensvertrags oder eine Vereinbarung über dessen Aufhebung bedarf, um Gültigkeit zu erlangen, der Schriftform.

14 Teilunwirksamkeit

Sollten einzelne Bestimmungen dieses Vertrags nicht Vertragsbestandteil geworden oder unwirksam sein bzw. nicht durchgeführt werden, so bleibt der Vertrag im übrigen wirksam. Soweit Bestimmungen nicht Vertragsbestandteil geworden oder unwirksam sind, richtet sich der Inhalt des Vertrags nach den gesetzlichen Bestimmungen.

Die Unterschrift(en) unter

☐ dem Darlehensvertrag Nr. ______________ ☐ wurde(n) vor mir von dem/den Darlehensnehmer(n) geleistet.

☐ der Information über das Recht zum Widerruf des Darlehensvertrags ☐ wurde(n) von mir geprüft.

Er/Sie	hat/haben sich ausgewiesen durch (Urkunde)		
☐ ist/sind mir persönlich bekannt und bereits legitimiert.	☐ Personalausweis	☐ Reisepaß	☐
Nr.	ausstellende Behörde		Ausstellungsdatum
Darlehensaufnahme erfolgt	☐ für eigene Rechnung.		☐ für fremde Rechnung[1].

Ort, Datum	Mitarbeiter der Bank

[1] Vordruck 301 100 verwenden.

Die Sicherung für die Bank

Eine Bank bzw. Sparkasse oder eine Bausparkasse macht grundsätzlich die Vergabe eines größeren Kredits von Sicherheiten abhängig. In dieser Angelegenheit gibt es zwar keine gesetzliche Verpflichtung für die Kreditinstitute, obwohl die Sachbearbeiter dies immer behaupten. Es gibt lediglich das Kreditwesengesetz, das die Banken bzw. Sparkassen zu einer ordnungsgemäßen Geschäftsführung verpflichtet. Zu einer solchen ordnungsgemäßen Geschäftsführung gehört es allerdings, dass sich die Kreditgeber gegen Kreditausfälle angemessen absichern.

Im übrigen ist die Absicherung ja auch nichts Unanständiges. Auf der anderen Seite ist der Kreditnehmer ja auch der Kunde, der sein Vermögen der Bank bzw. Sparkasse anvertraut und sicher sein will.

Nach Abschluss des Darlehensvertrages hat die Bank bzw. Sparkasse in erster Linie einen Anspruch auf Rückzahlung des von ihr gewährten Darlehens. Der Hauskäufer, also der Schuldner, haftet grundsätzlich für die Rückzahlung des Darlehens mit seinem gesamten Vermögen. Das ist aber nicht gerade eine Sicherheit für den Darlehensgeber. Eine wirkliche Sicherheit bietet daher nur das zu erwerbende Grundstück. Erst wenn die Bank bzw. Sparkasse im Ernstfall sich nicht aus dem Grundstück befriedigen kann, wird sie versuchen, sich aus dem übrigen Vermögen des Darlehensnehmers (Hauskäufers) zu befriedigen.

Bei der Vergabe von Krediten für den Hauskauf sichern sich die Banken bzw. Sparkassen in aller Regel durch Grundschulden, Hypotheken und Bürgschaften ab. Die heute häufigste Sicherung besteht in der Bestellung einer Sicherungsgrundschuld.

Die Sicherung durch eine Grundschuld

In der Bankpraxis wird es sich hierbei fast ausschließlich um eine Sicherungsgrundschuld handeln. Im Prinzip ist dies ein unproblematisches Kreditsicherungsmittel. Für den Kreditnehmer, also den Kunden, ist es im Hinblick auf die Sicherungsgrundschuld wichtig zu wissen, dass es eigentlich zwei Verträge zwischen Kreditinstituten und dem Kunden gibt.

Einmal schließen die Bank bzw. Sparkasse und der Kreditnehmer, also der Sicherungsgeber, einen Sicherungsvertrag. Man spricht auch von der Sicherungszweckerklärung. In diesem Vertrag wird geregelt, welche Sicherheiten wozu bestellt werden.

Zum anderen handelt es sich um den so genannten „Bestellungsakt". Dabei vereinbaren das Kreditinstitut und der Kunde, dass zugunsten des Sicherungsnehmers eine Grundschuld eingetragen wird.

Außerdem hat die Bank bzw. Sparkasse ein besonderes Interesse daran, im Ernstfall so schnell wie möglich die Sicherheit zu verwerten. Zur Verwertung des Grundstücks durch eine Zwangsversteigerung ist in jedem Fall ein vollstreckbarer Titel erforderlich. Deshalb drängen Kreditinstitute in der Regel darauf, dass sich der Kreditnehmer in einer notariellen Urkunde der sofortigen Zwangsvollstreckung in das zu erwerbende Grundstück und in sein gesamtes sonstiges Vermögen unterwirft. Aus Sicht der Bank bzw. Sparkasse ist das kaufmännisch vernünftig. Um die Zwangsversteigerung des Grundstücks zu betreiben, bedarf es nämlich nur noch der Vollstreckungsklausel durch den Notar. Für den Hauskäufer (Kreditnehmer) ist es dagegen eine zusätzliche Gefahr im Ernstfall, weil das Haus schnell „unter den Hammer" kommt. Ohne Zwangsvollstreckungsklausel muss sich die Bank bzw. Sparkasse erst einen Vollstreckungstitel besorgen.

Muster einer Grundschuld-bestellung mit Zwangsvoll-streckungs-unterwerfung

Grundschuld[1]

Bestellung einer Brief- oder Buchgrundschuld mit Übernahme der persönlichen Haftung sowie dinglicher und persönlicher Zwangsvollstreckungsunterwerfung

Zur bankinternen Bearbeitung

Nr.

Urkundenrolle Nr. **Jahr 19**

Verhandelt zu

am

Vor mir,

erschien(en):

Eigentümer

weiter erschienen:

1 Für die Zweckerklärung einschließlich der Abtretung der Rückgewähransprüche ist Vordruck 220 030 oder 220 060 bzw. 220 040 oder 220 070 zu verwenden.

220 410 DG VERLAG FA 12.95

Der/Die Erschienene(n) erklärte(n) vorab:

Soweit in dieser Urkunde von Grundeigentum oder Eigentümer die Rede ist, so ist hierunter bei Wohnungs- oder Teileigentum das belastete Wohnungs- oder Teileigentum bzw. der Wohnungs- oder Teileigentümer und bei (Wohnungs-/Teil-) Erbbaurechten[1] das belastete (Wohnungs-/Teil-) Erbbaurecht bzw. der (Wohnungs-/Teil-) Erbbauberechtigte zu verstehen.

Der/Die Erschienene(n) erklärte(n) sodann:

1 Grundschuldbestellung

1.1 Der Eigentümer des/der im Grundbuch von

____

eingetragenen Grundstücks/Grundstücke

Band ________ Blatt/Nr. ________ Bestandsverzeichnis lfd. Nr. ________

Grundeigentum

bestellt auf dem genannten Grundeigentum eine Grundschuld in Höhe von

DM

in Worten: Deutsche Mark

zugunsten

Gläubigerin

nebst ______ Prozent Jahreszinsen vom heutigen Tag an sowie einer einmaligen Nebenleistung von 5 % des Grundschuldbetrags. Die Zinsen sind am ersten Werktag eines jeden Jahres für das vorangegangene Kalenderjahr zahlbar, spätestens jedoch im Verteilungstermin.
Grundschuld und Nebenleistung sind fällig.

1.2 Ein Grundschuldbrief soll ______ [2] gebildet werden. Auf Vorlage des Grundschuldbriefs und der sonstigen in § 1160 BGB genannten Urkunden im Fall der Mahnung oder Geltendmachung der Grundschuld wird auch namens des Rechtsnachfolgers verzichtet. Die Gläubigerin ist gemäß § 1117 Abs. 2 BGB berechtigt, sich den Grundschuldbrief vom Grundbuchamt aushändigen zu lassen.

1.3 Ist die Grundschuld zunächst nicht bei dem gesamten in Abschnitt 1.1 aufgeführten Grundeigentum eingetragen, so soll sie bereits mit der Eintragung an einem Teil des Grundeigentums als Einzelgrundschuld entstehen; ist sie bei mehreren, jedoch nicht bei allen Teilen des Grundeigentums eingetragen, so entsteht sie als Gesamtgrundschuld insoweit, als sie eingetragen ist.

2 Dingliche Zwangsvollstreckungsunterwerfung

Der Eigentümer und der/die Erschienene(n) zu ______ als künftiger/künftige Eigentümer unterwirft/ unterwerfen sich wegen aller Ansprüche an Kapital, Zinsen und Nebenleistung, welche der Gläubigerin aus der Grundschuld zustehen, der sofortigen Zwangsvollstreckung in das mit der Grundschuld belastete Eigentum, und zwar in der Weise, daß die Zwangsvollstreckung aus dieser Urkunde gegen den jeweiligen Eigentümer des Grundeigentums zulässig sein soll.

[1] Vordruck 220 170 verwenden, falls nach dem Erbbauvertrag zur Belastung oder Veräußerung des Erbbaurechts die Zustimmung des Grundstückseigentümers erforderlich ist.
[2] Soll ein Grundschuldbrief nicht gebildet werden (Buchgrundschuld), so ist hier das Wort „nicht" einzutragen; die folgenden beiden Sätze sind dann zu streichen.

3 Bewilligungen und Anträge

3.1 Der Eigentümer bewilligt und beantragt im Grundbuch die Eintragung

a) der unter 1 bestellten Grundschuld nebst Zinsen und Nebenleistung,

Raum für eine etwaige vom Gesetz (§ 45 GBO) abweichende Bestimmung des Rangverhältnisses

Sollten etwa ausbedungene Rangstellen zunächst nicht verschafft werden können, so soll das vorgenannte Grundpfandrecht an nächstoffener Rangstelle eingetragen werden,

b) seiner Unterwerfung unter die sofortige Zwangsvollstreckung gemäß 2.

Die vorgenannten Anträge sowie etwaige weitere in dieser Urkunde gestellten Anträge auf Eintragung oder Löschung sind nicht als einheitliche Anträge zu behandeln.

3.2 Der Eigentümer beantragt beim Grundbuchamt, der Gläubigerin

a) den Grundschuldbrief auszuhändigen, sofern dessen Erteilung nicht ausgeschlossen ist,

b) nach Vollzug der Eintragungsanträge eine unbeglaubigte Grundbuchabschrift zu erteilen,

c) von etwaigen Zwischenverfügungen eine Abschrift zu erteilen.

3.3 Der Eigentümer beantragt beim Notar,

a) der Gläubigerin sofort eine Ausfertigung dieser Urkunde zu erteilen,

b) der Gläubigerin eine vollstreckbare Ausfertigung dieser Urkunde zu erteilen,

c) dem Grundbuchamt eine Ausfertigung dieser Urkunde einzureichen,

d) dem Eigentümer eine einfache Abschrift dieser Urkunde zu erteilen.

4 Persönliche Haftung mit Zwangsvollstreckungsunterwerfung

Der/Die Erschienene(n) zu [ ]

nämlich[1]

Namen einsetzen

übernimmt/übernehmen hiermit – als Gesamtschuldner – die **persönliche Haftung** für die Zahlung eines Geldbetrags, dessen Höhe der vereinbarten Grundschuld (Kapital, Zinsen, Nebenleistungen) entspricht und unterwirft/unterwerfen sich gleichzeitig deswegen der **sofortigen Zwangsvollstreckung** aus dieser Urkunde in sein/ihr **gesamtes Vermögen.** Dies gilt auch schon vor der Eintragung der Grundschuld im Grundbuch und vor der Vollstreckung in das belastete Grundeigentum sowie für den Fall des Erlöschens der Grundschuld im Zwangsversteigerungsverfahren hinsichtlich des Betrags (Kapital, Zinsen, Nebenleistungen, Kosten), mit welchem die Gläubigerin hierbei ausgefallen ist. Er/Sie beantragt/beantragen beim Notar, der Gläubigerin auch insoweit eine vollstreckbare Ausfertigung dieser Urkunde zu erteilen.

Der Notar hat die Erschienenen insbesondere auf die über die Grundschuldsicherheit hinaus übernommene persönliche Schuldverpflichtung hingewiesen und über die daraus folgende Haftung mit dem gesamten Vermögen belehrt.

Aus der unter 1 bestellten Grundschuld und der übernommenen persönlichen Haftung darf sich die Gläubigerin nur einmal in Höhe des Betrags der Grundschuld nebst Zinsen, Nebenleistungen und Kosten der dinglichen Rechtsverfolgung gem. § 1118 BGB befriedigen.

[1] Die persönliche Haftung kann nur von Schuldnern oder Bürgen übernommen werden.

5 Schlußbestimmungen

5.1 Die in dieser Urkunde genannten Eigentümer bestellen sich gegenseitig zu **Zustellungsbevollmächtigten** und bevollmächtigen sich gegenseitig, alle Zustellungen und Willenserklärungen, die das Grundpfandrecht betreffen, und zwar auch im Zwangsvollstreckungsverfahren, in Empfang zu nehmen.

5.2[1] Der Eigentümer ist mit der späteren Umwandlung in eine Briefgrundschuld und mit einem Verzicht auf die Rechte nach § 1160 BGB einverstanden. Er bevollmächtigt die Gläubigerin unter Befreiung von den Beschränkungen des § 181 BGB, jederzeit die Eintragung der Umwandlung in das Grundbuch zu bewilligen und zu beantragen sowie sich den Brief vom Grundbuchamt aushändigen zu lassen.

5.3 Die Kosten dieser Urkunde und ihres Vollzugs trägt der Eigentümer.

5.4 Sollten einzelne Bestimmungen dieser Urkunde unwirksam sein bzw. nicht durchgeführt werden, so bleiben die übrigen Bestimmungen wirksam. Soweit Bestimmungen unwirksam sind, gelten ergänzend die gesetzlichen Vorschriften.

5.5 Der Notar hat den Grundbuchinhalt festgestellt.

6 Zustimmungserklärung des Ehegatten

Der Ehegatte erteilt hiermit aus güterrechtlichen Gründen seine **Zustimmung**[2].

– Nicht Inhalt der notariellen Urkunde –

Zustimmung und Antrag der Gläubigerin

Die Gläubigerin stellt unter Annahme der Grundschuldbestellung hiermit ebenfalls alle Anträge an das Grundbuchamt aus dieser Urkunde.

Ort, Datum	Gläubigerin[3]

1 Streichen, wenn von vornherein ein Grundschuldbrief gebildet werden soll.
2 Streichen, wenn die Zustimmung des anderen Ehegatten nach § 1365 BGB nicht erforderlich ist.
3 Eine Beglaubigung der Unterschrift der Gläubigerin ist nicht erforderlich.

Muster einer Grundschuld-Zweckerklärung

Grundschuld Zweckerklärung (enge Fassung)

Zur bankinternen Bearbeitung

Nr.

Die

in dieser Urkunde „Gläubigerin" genannt

ist/wird Gläubigerin der im Grundbuch von

Band Blatt/Nr.

Eigentümer:

in dieser Urkunde – auch bei mehreren Personen – „Eigentümer" genannt

eingetragenen/einzutragenden Grundschuld(en):

Abt. III lfd. Nr.	in Höhe von DM	Abt. III lfd. Nr.	in Höhe von DM

Soweit in dieser Urkunde von Grundeigentum oder Eigentümer die Rede ist, so ist hierunter bei Wohnungs- oder Teileigentum das belastete Wohnungs- oder Teileigentum bzw. der Wohnungs- oder Teileigentümer und bei (Wohnungs-/Teil-) Erbbaurechten das belastete (Wohnungs-/Teil-) Erbbaurecht bzw. der (Wohnungs-/Teil-) Erbbauberechtigte zu verstehen; soweit in dieser Urkunde von „Grundschuld" die Rede ist, so sind hierunter alle vorgenannten Grundschulden zu verstehen.

1 Zweckerklärung

1.1 Die Grundschuld – sowie eine in einer anderen Urkunde erklärte Abtretung von Rückgewähransprüchen und Eigentümergrundschulden, die obiger (obigen) Grundschuld(en) im Rang vorgehen oder gleichstehen oder eine dort übernommene persönliche Haftung –, dient/dienen zur Sicherung **aller bestehenden, künftigen und bedingten Ansprüche** der Gläubigerin oder eines die Geschäftsverbindung fortsetzenden Rechtsnachfolgers der Gläubigerin aus den folgenden Rechtsgründen **sowie aller** ihr im Zusammenhang damit zustehenden **gesetzlichen Ansprüche** gegen

Kreditnehmer, persönlicher Schuldner[1]

☐ aus Darlehen

in Höhe von DM	Vertrag vom

Werden die Zins- und Tilgungsraten einem Konto in laufender Rechnung belastet, so ist auch eine dadurch entstandene Kontoüberziehung bis zur Höhe der Zins- und Tilgungsraten für drei Monate gesichert.

☐ aus laufender Rechnung (insbesondere Buch-, Wechsel-, Scheck-, Akzept- und Avalkrediten) bis zum Betrage der Grundschuld nebst Zinsen und Nebenleistungen sowie deren Verlängerungen

☐ aus Lieferungen und Leistungen bis zum Betrage der Grundschuld nebst Zinsen und Nebenleistungen

☐ aus

Soweit bisher Zweckerklärungen und Abtretungen der Rückgewähransprüche vereinbart wurden, werden sie durch diese Erklärungen nicht aufgehoben, sondern ergänzt. Die Grundschuld sowie eine in einer anderen Urkunde erklärte Abtretung von Rückgewähransprüchen und Eigentümergrundschulden oder eine dort übernommene persönliche Haftung dienen auch zur Sicherung aller vertraglichen und gesetzlichen Ansprüche aus oben genannten Rechtsgründen gegen Gesamtrechtsnachfolger des Kreditnehmers oder persönlichen Schuldners und – bei einer Firma oder Gesellschaft – gegen deren Gesamtrechtsnachfolger.

Die Gläubigerin ist berechtigt, sich aufgrund dieser Grundschuld aus dem Grundstück zu befriedigen oder die Grundschuld selbst freihändig zu verwerten; die Gläubigerin wird die Grundschuld freihändig mangels Zustimmung des Eigentümers nur zusammen mit den gesicherten Forderungen und nur in einer im Verhältnis zu dieser angemessenen Höhe verkaufen. Die Gläubigerin darf die Grundschuld bei Vorliegen eines wichtigen Grundes zwangsweise verwerten, insbesondere wenn der Kreditnehmer fälligen Verpflichtungen gegenüber der Gläubigerin nicht nachkommt. Zwangsvollstreckungsmaßnahmen wird die Gläubigerin mit einer Frist von einem Monat schriftlich androhen; eine Fristsetzung ist nicht erforderlich, wenn der Eigentümer seine Zahlungen eingestellt hat oder die Eröffnung eines gerichtlichen Insolvenzverfahrens über sein Vermögen beantragt worden ist oder wenn die Gläubigerin eine Klage auf Duldung der Zwangsvollstreckung aus der Grundschuld in den belasteten Grundbesitz erhebt.

Zahlt ein Bürge oder ein anderer Dritter an die Gläubigerin, so verpflichtet sie sich, die Grundschuld einschließlich der anderen in dieser Urkunde genannten Sicherungsrechte auf diesen zu übertragen, sofern nicht eine Abrede des Sicherungsgebers mit ihr oder Rechte Dritter entgegenstehen.

Die Abtretung und Verpfändung der Rückgewähransprüche bedarf der Zustimmung der Gläubigerin.

[1] Handelt es sich um mehrere Schuldner und soll die Sicherheit auch zur Sicherung der Ansprüche gegen einzelne Schuldner dienen, so ist dies gesondert auszuhandeln und durch einen Zusatz, wie z. B. „und gegen jeden einzelnen von ihnen", zum Ausdruck zu bringen.

220 020 DG VERLAG FA 12.96

1.2 Mit der Gläubigerin ist vereinbart, daß Zahlungen, die aus irgendeinem Grund an sie geleistet werden, weder auf die Grundschuld noch auf deren Zinsen und Nebenleistungen, sondern auf die persönliche Forderung anzurechnen sind. Werden mehrere Forderungen gesichert, steht dem Eigentümer bei Leistung kein Leistungsbestimmungsrecht nach § 366 Abs. 1 BGB zu. Die Gläubigerin ist vielmehr berechtigt, Zahlungseingänge nach der Tilgungsreihenfolge des § 366 Abs. 2 BGB zu verrechnen.

1.3 Die Gläubigerin ist berechtigt, aber nicht verpflichtet, Teile des Grundeigentums sowie Grundstückszubehör aus der Haftung für die Grundschuld zu entlassen und Rangänderungen zu bewilligen. Dies soll auch dann gelten, wenn der Rückgewähranspruch an einen Dritten abgetreten ist oder abgetreten wird.

1.4 Die Gläubigerin ist jederzeit berechtigt, auf den ihren persönlichen Anspruch übersteigenden Teil der Grundschuld und der bei ihr eingetragenen Zinsen und Nebenleistungen zu verzichten sowie den Antrag auf Eintragung des Verzichts im Grundbuch zu stellen. In einem etwaigen Zwangsversteigerungs- oder Zwangsverwaltungsverfahren ist die Gläubigerin nicht verpflichtet, aus der Grundschuld Beträge geltend zu machen, die über den persönlichen Anspruch hinausgehen.

1.5 Die Gläubigerin oder deren Beauftragte ist berechtigt, das Pfandgrundstück zu besichtigen.

1.6 Der Eigentümer stimmt hiermit zu, daß dem Gläubiger folgende Auskünfte erteilt werden

a) von Steuer- und sonstigen Behörden über Rückstände solcher öffentlicher Lasten, die in einer Zwangsverwaltung oder Zwangsversteigerung des belasteten Grundeigentums mit dem Rang vor dem Recht der Gläubiger zu befriedigen sind,
b) von den zuständigen Stellen über den Einheitswert und den Gebäude-Versicherungswert,
c) von den Gläubigern vor- oder gleichrangiger Grundpfandrechte über die Höhe der Forderungen, Kreditzusagen und bestehenden Sicherheiten.

Die Gläubigerin ist berechtigt, zum Nachweis der Vollmacht die gesamte Urkunde zur Einsicht vorzulegen.

Der Eigentümer verpflichtet sich, der Gläubigerin auf Verlangen Miet- und Pachtverträge und sonstige das Grundstück betreffende Unterlagen vorzulegen.

1.7 Der Eigentümer ist verpflichtet, das Pfandgrundstück gegen Feuer und auf Verlangen der Gläubigerin auch gegen Sturm/Hagel, Leitungswasser, Elementarschäden und weitere Risiken versichert zu halten. Die Auswahl eines geeigneten Versicherungsunternehmens hat im Einvernehmen mit der Gläubigerin zu erfolgen. Die Gläubigerin wird ihr Einvernehmen erklären, wenn keine sachlichen Gründe gegen das vom Eigentümer ausgewählte Versicherungsunternehmen bestehen und insbesondere dem Sicherungsbedürfnis der Gläubigerin Rechnung getragen ist.

2 Schlußbestimmungen

2.1 Aus der Grundschuld – sowie einer in einer anderen Urkunde erklärten Abtretung von Rückgewähransprüchen und von Eigentümergrundschulden, die der/den obigen Grundschuld(en) im Rang vorgehen oder gleichstehen oder einer dort übernommenen persönlichen Haftung – darf sich die Gläubigerin nur einmal in Höhe des Betrags der Grundschuld nebst Zinsen, Nebenleistungen und Kosten befriedigen; das gilt nicht, wenn die Abtretungen durch Individualvereinbarung haftungserweiternd vereinbart wurden bzw. werden.

2.2 Sollten einzelne Bestimmungen dieser Urkunde unwirksam sein bzw. nicht durchgeführt werden, so bleiben die übrigen Bestimmungen wirksam. Soweit Bestimmungen unwirksam sind, gelten ergänzend die gesetzlichen Vorschriften.

2.3 Ergänzend gelten die **Allgemeinen Geschäftsbedingungen** der Gläubigerin (AGB). Die AGB können in den Geschäftsräumen der Gläubigerin eingesehen werden; auf Verlangen werden sie ausgehändigt.

Ort, Datum	Eigentümer

Falls im Hinblick auf den Güterstand der Ehegatten eine Mitwirkung des anderen Ehegatten erforderlich ist, erteilt dieser hiermit seine **Zustimmung.**

Ort, Datum

Die Unterschrift(en) unter dieser Urkunde

☐ wurde(n) vor mir von dem/den Unterzeichner(n) geleistet. ☐ wurde(n) von mir geprüft.

Der Eigentümer ☐ ist mir persönlich bekannt und bereits legitimiert.	hat sich ausgewiesen durch (Urkunde) ☐ Personalausweis ☐ Reisepaß ☐	
Nr.	ausstellende Behörde	Ausstellungsdatum
Der Ehegatte ☐ ist mir persönlich bekannt und bereits legitimiert.	hat sich ausgewiesen durch (Urkunde) ☐ Personalausweis ☐ Reisepaß ☐	
Nr.	ausstellende Behörde	Ausstellungsdatum

Ort, Datum	Mitarbeiter der Bank

Tipp: Als Kreditnehmer sollte man versuchen, dem finanzierenden Kreditinstitut eine Grundschuld ohne gleichzeitige Zwangsvollstreckungsunterwerfung zu bestellen.

Die Grundschuldbestellung erfolgt grundsätzlich durch eine notarielle Urkunde. In der Praxis füllt der Kreditsachbearbeiter der Bank/Sparkasse bei Abschluss des Darlehensvertrages zugleich ein Formular über eine Grundschuldbestellung aus, entweder mit oder ohne Vollstreckungsklausel. Der Kreditnehmer unterschreibt dieses Formular sodann vor einem Notar. Auf den Seiten 148 ff. sind solche typischen Formulare abgedruckt.

Keiner notariellen Beurkundung bedarf hingegen die „Grundschuld-Zweckerklärung". Wie oben bereits erwähnt, spricht man dabei auch von einem Sicherungsvertrag. In diesem Vertrag regelt der Kreditgeber (Bank/Sparkasse) mit dem Kreditnehmer (Hauskäufer), welche Forderungen der Bank bzw. Sparkasse wie und in welcher Reihenfolge zu verwerten sind. Auf Seite 87 ist bereits ausgeführt worden, dass die Grundschuld nicht vom Bestehen einer Forderung abhängig ist, sie ist nicht akzessorisch. Dies reizt natürlich die Bank bzw. Sparkasse dazu, auch andere und sogar zukünftige Forderungen gegen den Kreditnehmer über eine solche Grundschuld absichern zu lassen. Genau dazu dient die Zweckerklärung. Auf Seite 156 ff. finden Sie ein typisches Formular für eine Grundschuld-Zweckerklärung.

Tipp: Versuchen Sie zunächst durchzusetzen, dass Sie eine solche Erklärung nicht unterschreiben müssen. Wenn dies jedoch unumgänglich ist, sollten möglichst wenige Forderungen des Kreditinstitutes in diesem Vertrag aufgenommen werden.

Die Sicherung durch eine Hypothek

Diese Art der Darlehenssicherung kommt heute nur noch in Ausnahmefällen oder bei der Finanzierung durch eine Hypothekenbank vor. Im Grunde kann auf die Ausführungen zur Grundschuld verwiesen werden. Außerdem bedarf es immer einer notariellen Beurkundung. Der Notar ist zur Aufklärung verpflichtet.

Die Sicherung durch eine Bürgschaft

In manchen Fällen reicht die Sicherung durch eine Hypothek oder Grundschuld nicht aus, weil die benötigte Darlehenssumme zu hoch ist. Viele Kreditsachbearbeiter der Banken oder Sparkassen neigen auch zu einer Übersicherung.

Normalerweise kann man dem Kreditgeber alle Wertsachen als Sicherheit anbieten. Das Kreditinstitut würde auch die Verpfändung von Wertsachen akzeptieren, wenn nicht die Verwertung im Ernstfall zu umständlich wäre. In den meisten Fällen, bei denen eine zusätzliche Sicherung erforderlich ist, wird deshalb auf eine Bürgschaft zurückgegriffen.

Bei einer Bürgschaft handelt es sich um einen einseitig verpflichtenden Vertrag, durch den sich der Bürge gegenüber dem Gläubiger eines Dritten verpflichtet, für die Erfüllung der Verbindlichkeit des Dritten einzustehen. Dies regelt § 765 BGB. Für den Bürgen wird eine eigene selbstständige Verpflichtung begründet. Er haftet also nicht nur für den Dritten. Allerdings ist die Bürgschaftsschuld vom Bestehen der Hauptschuld des Dritten abhängig. Insoweit spricht man wiederum von der Akzessorietät.

Muster eines Bürgschaftsvertrages

Bürgschaft für Einzelforderungen

Für bankinterne Bearbeitung, bitte bei Schriftwechsel angeben.
Nr.

1 Zur Sicherung aller **bestehenden, künftigen und bedingten Ansprüche** aus

genaue Bezeichnung der zu sichernden Forderungen nach Schuldgrund und Höhe

sowie aller in diesem Zusammenhang entstehenden Forderungen und gesetzlichen Ansprüche – auch soweit fällige Raten und Beträge dem Kontokorrentkonto belastet worden sind –

der

Bank

oder eines die Geschäftsverbindung fortsetzenden Rechtsnachfolgers der Bank

gegen

Hauptschuldner[1]

oder dessen Gesamtrechtsnachfolger und – bei einer Firma oder Gesellschaft – gegen deren Gesamtrechtsnachfolger, übernehme(n) ich/wir

Bürge (Anschrift, Geburtsdatum)

die selbstschuldnerische Bürgschaft bis zum Betrag von

DM

2 Die Bürgschaft ist zeitlich nicht begrenzt.

3 Die Bürgschaft kann frühestens ein Jahr nach ihrer Übernahme unter Einhaltung einer Kündigungsfrist von drei Monaten schriftlich gekündigt werden. Das Recht auf Kündigung aus wichtigem Grund bleibt unberührt.
Mit Wirksamwerden der Kündigung beschränkt sich die Bürgschaft auf den Bestand der verbürgten Ansprüche zu diesem Zeitpunkt. Die Vereinbarungen aus dieser Bürgschaft gelten bis zur vollständigen Erfüllung der verbürgten Verbindlichkeiten des Hauptschuldners weiter.
Dieses Kündigungsrecht besteht nicht für Bürgschaften für Kredite mit fest vereinbarter Laufzeit. Bei Krediten in laufender Rechnung mit fest vereinbarter Laufzeit kann der Bürge im Fall der Prolongation mit einer Kündigungsfrist von drei Monaten zum Ende der jeweiligen Laufzeit die Bürgschaft kündigen.

4 Bis zur vollständigen Befriedigung der Bank dienen alle Zahlungen des Bürgen als Sicherheitsleistung; deshalb gehen erst nach vollständiger Befriedigung der Bank ihre Ansprüche gegen den Hauptschuldner in Höhe der Leistung des Bürgen auf diesen über. Gleiches gilt für akzessorische Rechte. Die Bank verpflichtet sich, sofern nicht eine Abrede des Sicherungsgebers mit der Bank entgegensteht, die nicht akzessorischen Rechte auf den Bürgen zu übertragen. Auf Verlangen des Bürgen hat die Bank diese Ansprüche vorzeitig auf den Bürgen zu übertragen, soweit sie diese nicht nur vorübergehend nicht mehr benötigt.

5 Die Bank ist befugt, den Erlös von Sicherheiten, Zahlungen des Hauptschuldners oder anderer Verpflichteter sowie sonstige Zahlungseingänge zunächst auf den Betrag ihrer Ansprüche zu verrechnen, der die Bürgschaftssumme bzw. im Fall der Kündigung gem. Nr. 3 den dann noch verbürgten Betrag übersteigt.

6 Mehrere Bürgen, die diese Urkunde unterzeichnen, haften als Gesamtschuldner **(Mitbürgschaft).**

7 Bestehen für die Ansprüche der Bank gegen den Hauptschuldner außerhalb dieser Urkunde gegenwärtig oder zukünftig noch andere Bürgschaften, so haftet jeder Bürge unabhängig von den anderen Bürgschaften – **insoweit abweichend von § 769 BGB**[2] – aus dieser Urkunde für den vollen Betrag seiner Bürgschaft **(Nebenbürgschaft).** Die Bürgschaft aus dieser Urkunde tritt neben etwa von dem Bürgen abgegebene sonstige Bürgschaftserklärungen.

8 Der Bürge verzichtet auf die Einreden der Anfechtbarkeit und Aufrechenbarkeit (§ 770 BGB[2]) sowie der Vorausklage (§ 771 BGB[2]); er verzichtet auf die Rechte aus § 776 BGB[2] (Freigabe von Sicherheiten und Entlassung von Bürgen). Die Bank ist berechtigt, mit dem Hauptschuldner Stundung zu vereinbaren, einen gerichtlichen oder außergerichtlichen Vergleich über die verbürgte Forderung gegen den Hauptschuldner abzuschließen, ohne die Zustimmung des Bürgen hierzu einzuholen.

1 Handelt es sich um mehrere Schuldner und soll die Sicherheit auch zur Sicherung der Ansprüche gegen einzelne Schuldner dienen, so ist dies gesondert auszuhandeln und durch einen Zusatz, wie z. B. „und gegen jeden einzelnen von ihnen", zum Ausdruck zu bringen.

2 Gesetzestext siehe Rückseite.

230 036 I DG VERLAG FA 12.96

Urschrift für die Bank

9 Jede Änderung oder Ergänzung dieses Bürgschaftsvertrags oder eine Vereinbarung über dessen Aufhebung bedarf, um Gültigkeit zu erlangen, der Schriftform.

10 Sollten einzelne Bestimmungen dieses Bürgschaftsvertrags nicht Vertragsbestandteil geworden oder unwirksam sein bzw. nicht durchgeführt werden, so bleibt der Vertrag im übrigen wirksam. Soweit Bestimmungen nicht Vertragsbestandteil geworden oder unwirksam sind, richtet sich der Inhalt des Vertrags nach den gesetzlichen Bestimmungen.

11 Ergänzend gelten die **Allgemeinen Geschäftsbedingungen** der Bank (AGB). Die AGB können in den Geschäftsräumen der Bank eingesehen werden; auf Verlangen werden sie ausgehändigt.

Ort, Datum	Bürge

Die Unterschrift(en) unter diesem Vertrag

☐ wurde(n) vor mir von dem/den Bürgen geleistet. ☐ wurde(n) von mir geprüft.

Er/Sie	hat/haben sich ausgewiesen durch (Urkunde)		
☐ ist/sind mir persönlich bekannt und bereits legitimiert.	☐ Personalausweis	☐ Reisepaß	☐
Nr.	ausstellende Behörde		Ausstellungsdatum

Ort, Datum	Mitarbeiter der Bank

Gesetzestexte:

§ 769 BGB Verbürgen sich mehrere für dieselbe Verbindlichkeit, so haften sie als Gesamtschuldner, auch wenn sie die Bürgschaft nicht gemeinschaftlich übernehmen.

§ 770 BGB Der Bürge kann die Befriedigung des Gläubigers verweigern, solange dem Hauptschuldner das Recht zusteht, das seiner Verbindlichkeit zugrunde liegende Rechtsgeschäft anzufechten.
Die gleiche Befugnis hat der Bürge, solange sich der Gläubiger durch Aufrechnung gegen eine fällige Forderung des Hauptschuldners befriedigen kann.

§ 771 BGB Der Bürge kann die Befriedigung des Gläubigers verweigern, solange nicht der Gläubiger eine Zwangsvollstreckung gegen den Hauptschuldner ohne Erfolg versucht hat (Einrede der Vorausklage).

§ 776 BGB Gibt der Gläubiger ein mit der Forderung verbundenes Vorzugsrecht, eine für sie bestehende Hypothek oder Schiffshypothek, ein für sie bestehendes Pfandrecht oder das Recht gegen einen Mitbürgen auf, so wird der Bürge insoweit frei, als er aus dem aufgegebenen Rechte nach § 774 BGB hätte Ersatz erlangen können. Dies gilt auch dann, wenn das aufgegebene Recht erst nach der Übernahme der Bürgschaft entstanden ist.

Tipp: Der Kreditnehmer sollte bei einer Bürgschaft immer bedenken, welches Risiko der Bürge eingeht. Ein Schuldner verlangt also von einem Bürgen sehr viel und nicht etwa nur einen Freundschaftsdienst. Der Bürge sollte das von der Bank ausgefüllte Formular in Ruhe zu Hause überdenken und notfalls Rechtsrat einholen.

Dem Bürgen stehen aber auch alle Einreden des Hauptschuldners nach § 768 BGB zu. Die wichtigste ist die der Vorausklage (771 BGB). Danach kann der Bürge die Befriedigung des Gläubigers verweigern, solange dieser nicht die Zwangsvollstreckung gegen den Hauptschuldner ohne Erfolg versucht hat. Diese im Gesetz geregelten Einreden sind natürlich für die Banken/Sparkassen hinderlich. In der Bankpraxis hat sich daher die selbstschuldnerische Bürgschaft durchgesetzt. Bei einer solchen selbstschuldnerischen Bürgschaft kann der Kreditgeber nach der Kündigung des Darlehens sofort den Bürgen in Anspruch nehmen und muss die oben genannten Einreden nicht gegen sich gelten lassen. Ist der Bürge zahlungsfähig, braucht sie sich nicht erst mit dem zahlungsunfähigen Hauptschuldner auseinanderzusetzen. Für den Bürgen hingegen ist dies eine riesige Gefahr. Wenn er die Forderung der Bank/Sparkasse befriedigt hat, geht zwar die Forderung gegen den Hauptschuldner auf ihn über. Davon hat er aber in aller Regel wenig.

Wer als Bürge fungiert, sollte daher genau aufpassen und nicht voreilig unterschreiben. Zwar wird es für die Bank/Sparkasse nicht zumutbar sein, auf die selbstschuldnerische Bürgschaft zu verzichten und sich mit einer „ganz normalen“ Bürgschaft zufrieden zu geben. Denkbar ist jedoch auch eine so genannte Ausfallbürgschaft. Bei einer solchen Ausfallbürgschaft muss die Bank/Sparkasse zunächst versuchen, alle anderen Sicherungsmittel auszuschöpfen, bevor sie den Bürgen in Anspruch nimmt. Der Bank/Sparkasse ist dies möglicherweise zumutbar. Der Bürge hat dabei eine größere Sicherheit.

Auf jeden Fall sollte aber der Bürge auf einem Höchstbetrag bestehen. Es ist auch möglich, die Bürgschaft darüber hinaus auf eine ganz bestimmte Forderung zu beschränken.

Die staatlichen

Fördermittel

Ohne staatliche Fördermittel könnten z. B. Familien mit Kindern und einem durchschnittlichen Einkommen kaum die eigenen vier Wände bezahlen. Der Staat hat aber ein besonderes Interesse daran, dass möglichst viele Bürger im eigenen Haus (bzw. in der eigenen Wohnung) leben. Deshalb wird der Kauf bzw. der Bau eines Hauses auch staatlich gefördert.

Die bekanntesten Förderungen sind die Bausparprämie und seit 1.1.1996 die Eigenheimzulage. Neben steuerlichen Vergünstigungen gibt es auch noch weitere Förderungen wie z. B. die drei Wege der öffentlichen Förderung und weitere öffentliche Zuschüsse.

Die Bausparförderung

Bei der Bausparförderung unterscheidet man die Bausparprämie (Wohnungsbauprämie) und die Arbeitnehmer-Sparzulage. Natürlich kann man nicht beide Förderarten auf ein und dieselbe Sparleistung in Anspruch nehmen. Der Bausparer muss sich für eine der Förderarten entscheiden oder aber für jede der Förderungsarten eine gesonderte Sparleistung erbringen.

Die Bausparprämie

Die Bausparprämie ist im Wohnungsbauprämiengesetz (WoPG) geregelt. Sie beträgt 10 Prozent der prämienbegünstigten Aufwendungen im Rahmen des Bausparvertrages. Seit 1.1.1996 betragen die Höchstgrenzen der Förderung für Ledige 1.000,– DM und für Verheiratete 2.000,– DM. Ledige können also pro Jahr maximal 100,– DM und Verheiratete maximal 200,– DM Wohnungsbauprämie pro Jahr auf ihre Sparleistungen erhalten. Die Förderungsdauer beträgt höchstens sieben Jahre, sodass ein Lediger maximal 700,– DM und Verheiratete maximal 1.400,– DM Wohnungsbauprämie erhalten.

Natürlich will der Staat nur seine „bedürftigen" Bürger fördern. Deshalb erhalten nur diejenigen eine Bausparprämie, deren zu versteuerndes Jahreseinkommen 50.000,– DM (bei Ledigen) bzw. 100.000,– DM (bei Verheirateten) nicht übersteigt. Um Missverständnissen vorzubeugen, handelt es sich bei dem zu versteuernden Jahreseinkommen nicht um das Bruttoeinkommen. Vom eigentlichen Bruttoverdienst ist daher alles abzuziehen, was der Steuerpflichtige von der Steuer absetzen kann. Das sind z. B. die Sonderausgaben, die Werbungskosten Freibeträge usw. Das zu versteuernde Jahreseinkommen kann man leicht aus dem letzten Steuerbescheid ersehen.

Die Wohnungsbauprämie wird auf Antrag des Bausparers von der jeweiligen Bausparkasse beim Finanzamt angefordert. Das Finanzamt überweist die Prämie zugunsten des Bausparers an die Bausparkasse, die dann die Beträge dem Bausparguthaben gutschreibt. Bei Bausparverträgen, die vor dem 1.1.1992 abgeschlossen worden sind, werden die Prämien noch jährlich ausgezahlt und dem Bausparguthaben gutgeschrieben. Bausparer, die erst nach dem 31.12.1991 ihren Bausparvertrag abgeschlossen haben, erhalten die Wohnungsbauprämie erst nach der Zuteilung, nach Ablauf der Sperrfrist bzw. bei einer so genannten prämienunschädlichen Verwendung des Bausparguthabens. Unschädlich ist eine vorzeitige Verfügung nach § 2 Abs. 2 WoPG insbesondere dann, wenn

1. die Bausparsumme ausgezahlt oder beliehen wird und der Bausparer das Geld unverzüglich und unmittelbar zum Wohnungsbau verwendet;

2. der Betrag abgetreten wird und der Erwerber das Geld unmittelbar und unverzüglich zum Wohnungsbau benutzt;
3. der Bausparer nach Vertragsabschluss stirbt oder dauernd erwerbsunfähig wird;
4. der Bausparer seit einem Jahr ununterbrochen arbeitslos ist.

Die Arbeitnehmer-Sparzulage

Hierbei handelt es sich um die so genannten vermögenswirksamen Leistungen. Das 5. Vermögensbildungsgesetz gilt seit 1991 in ganz Deutschland.

Zahlt der Arbeitgeber auf Antrag des Arbeitnehmers Bausparbeträge direkt auf den Bausparvertrag ein, so handelt es sich insoweit um vermögenswirksame Leistungen, für die der Bausparer eine Sparzulage erhält. Der Höchstbetrag liegt bei maximal 936,– DM pro Bausparer und Jahr. Ein Lediger kann also auf seinen Bausparvertrag pro Jahr maximal 936,– DM als vermögenswirksame Leistung einzahlen und erhält dafür 10 Prozent Arbeitnehmer-Sparzulage vom Staat. Arbeiten beide Ehegatten, so können beide je 936,– DM als vermögenswirksame Leistung auf den Bausparvertrag einzahlen und erhalten dann natürlich auch die doppelte Sparprämie.

Tipp: Betrachten Sie die „Rechenkünste" von cleveren Bausparvertretern also genau. Oft wird „schöngerechnet".

Wer sowohl die Bausparprämie als auch die AN-Sparzulage in maximaler Höhe beanspruchen will, muss dafür z.B. als Lediger einmal 1000,– DM und einmal 936,– DM an jährlichen Sparbeiträgen aufwenden. Das sind immerhin pro Jahr 1.936,– DM bzw. 161,34 DM/Monat.

Die Sperrfristen

Bausparer, die nicht bauen wollen, müssen bei der Auszahlung der Bausparsumme auf die gesetzlichen Sperrfristen achten. Nach Ablauf der Sperrfristen müssen nämlich die staatlichen Zuschüsse und Vergünstigungen nicht zurückgezahlt werden.

Bei Bausparverträgen, die vor dem 13.11.1980 und nach dem 31.10.1984 abgeschlossen worden sind, beträgt die Sperrfrist sieben Jahre. Ist der Bausparvertrag zwischen dem 14.11.1980 und dem 30.10.1984 abgeschlossen worden, so beträgt die Sperrfrist zehn Jahre. Die unterschiedlichen Fristen resultieren aus der zwischenzeitlich geänderten Gesetzgebung.

Die Eigenheimzulage

Seit Anfang 1996 hat das Eigenheimzulagengesetz (EigZulG) in Kraft getreten. Dieses Gesetz hat die Förderung nach § 10e Einkommensteuergesetz (EStG) abgelöst und viele Vorteile für den Hauskäufer gebracht. Insbesondere haben sich Vorteile für Familien mit Kindern ergeben, weil die Förderung nunmehr bis auf den Vorkostenabzug nicht mehr progressionsabhängig ist. Die Höhe der Förderung hängt also nicht mehr von der Höhe des Einkommens ab. Allerdings gibt es Einkommensgrenzen, innerhalb derer eine Förderung nur möglich ist. Für Ledige liegt die Einkommensgrenze bei 120.000,– DM und bei Verheirateten bei 240.000,– DM Jahreseinkommen. Diese Einkommensgrenzen müssen jedoch nur bei der Antragstellung eingehalten werden. Erhöht sich danach das Einkommen über 120.000,– DM bzw. 240.000,– DM, so ist dies unerheblich und beeinträchtigt die Förderung nicht. Außerdem werden die Einkommen im ersten Bezugsjahr und dem Jahr davor zusammen-

gezählt, sodass die Einkommensgrenzen für diese beiden Jahre zusammen bei 240.000,– DM bzw. 480.000,– DM liegen. Unter Umständen kann also ein zu hoher Verdienst aus einem Jahr in ein anderes vor- oder zurückverlagert werden.

Die Eigenheimzulage kann von jedem unbeschränkt Steuerpflichtigen nur einmal im Leben in Anspruch genommen werden. Das bedeutet andererseits, dass Ehepaare die Förderung also insgesamt zweimal in Anspruch nehmen können.

Nach dem EigZulG gibt es heute vier Förderungsmöglichkeiten, nämlich

1. die Grundförderung,
2. die Kinderzulage (Baukindergeld),
3. Öko-Zulage,
4. die Vorkostenförderung.

Die Grundförderung – §§ 8, 9 Abs. 1 u. 2 EigZulG

Bei der Grundförderung werden die Anschaffungs- oder Herstellungskosten zuzüglich der Anschaffungskosten für Grund und Boden gefördert. Dabei erfolgt die volle Förderung bereits dann, wenn förderungsfähige Kosten in Höhe von 100.000,– DM nachgewiesen werden.

Bei der Grundförderung ist zu unterscheiden, ob ein Neubau oder ein Altbau erworben wird. Neubauten werden nämlich mit 5 Prozent (maximal aber 5.000,– DM) gefördert. Altbauten hingegen nur mit 2,5 Prozent (maximal 2.500,– DM). In beiden Fällen beträgt die Förderungsdauer höchstens 8 Jahre. Um Altbauten handelt es sich immer dann, wenn die Immobilie ab dem dritten Jahr nach der Fertigstellung erworben wird.

Ein Rechenbeispiel macht den Unterschied deutlich:

1. Die Förderung des Erwerbs eines Neubaus

   Gehen wir wieder davon aus, dass das zu erwerbende Haus inklusive Grundstück 300.000,– DM kostet.

   Die Eigenheim-Grundförderung würde also 5 Prozent von 300.000,– DM (das sind also 15.000,– DM) betragen. Die Höchstgrenze der Förderung liegt aber nur bei 5.000,– DM. In unserem Falle beträgt also die Eigenheim-Grundförderung maximal 40.000,– DM (5.000,– DM x 8 Jahre).

2. Die Förderung eines Altbaus

   Wurde das Haus im Jahre 1995 fertiggestellt und 1998 verkauft, bzw. erworben, so handelt es sich schon um einen so genannten Altbau. In diesem Falle würde die Förderung nur noch die Hälfte betragen, also 2.500,– DM acht Jahre lang (also insgesamt 20.000,– DM).

3. Förderung einer gebrauchten Immobilie als Neubau

   Das zu erwerbende Haus ist im Jahre 1996 fertiggestellt worden und wird ebenfalls im Jahre 1998 veräußert bzw. erworben. In diesem Falle würde es sich um einen förderungswürdigen Neubau handeln. Die Förderung für den Käufer beträgt 5 Prozent des Kaufpreises. Der Verkäufer wird in diesem Fall aber Schwierigkeiten mit der Steuer erhalten, weil er möglicherweise der Spekulationssteuer unterliegt. Diese fällt für den Verkäufer immer dann an, wenn das Objekt innerhalb von zwei Jahren nach dem Erwerb wieder veräußert wird. So ist die Gesetzgebung jetzt. Änderungen sind nach der nächsten Steuerreform jedoch nicht auszuschließen.

Tipp: Es lohnt sich beim Hauskauf also besonders auf das Datum der Fertigstellung zu achten, um die maximale Eigenheimzulage zu erhalten.

Die Kinderzulage (Baukindergeld) – § 9 Abs. 5 EigZulG

Die Kinderzulage erhöht die Grundförderung um 1.500,– DM pro Kind und Jahr und wird ebenfalls höchstens 8 Jahre gezahlt. Voraussetzung für die Gewährung dieser Zulage ist jedoch, dass bezüglich des Kindes seitens der Eltern ein Anspruch auf Kindergeld bzw. auf den Kinderfreibetrag besteht und das Kind zum inländischen Haushalt gehört. Allerdings braucht die Zugehörigkeit des Kindes zum Haushalt nicht auf Dauer angelegt zu sein.

Die Kinderzulage kann also pro Kind maximal 12.000,– DM betragen. Bei kinderreichen Familien ist also das Baukindergeld eine recht interessante Angelegenheit. Man muss nur darauf achten, dass die Grundförderung plus Kinderzulage die Herstellungs- bzw. Anschaffungskosten nicht überschreitet. Das wird beim Kauf eines Hauses seltener der Fall sein. Bei Aus- und Umbauten, die ja ebenso gefördert werden, kann dies schon eher einmal vorkommen.

Die Öko-Zulage – § 9 Abs. 3 und 4 EigZulG

Bei der Öko-Zulage sind die Förderung von
1. Energiesparmaßnahmen und
2. geringen Heizbedarf
zu unterscheiden. Beides sind Zusatzförderungen zur Grundförderung, können also nicht allein gefördert werden.

Energiesparmaßnahmen sind Solaranlagen, Wärmepumpen und Wärmerückgewinnungsanlagen. Diese Energiesparmaßnahmen werden mit 2 Prozent der Bemessungsgrundlage, maximal aber mit 500,– DM pro Jahr gefördert. Gefördert werden sollen nach dem Willen des Gesetzgebers selbst vorgenommene Einbauten und Energiesparmaßnahmen bei Neu- und Altbauten, jedoch keine Aus- und Umbauten.

Für den Hauskäufer ist diese Unterscheidung ganz wichtig, um in den Genuß der Förderung zu kommen. Sind die Einbauten bereits vom Verkäufer vorgenommen worden und schlagen sich im Kaufpreis nieder, so ist eine Förderung nur möglich, wenn der Erwerb innerhalb von zwei Jahren nach Fertigstellung erfolgt.

An folgenden Beispielen wird die Problematik deutlich.

Fall 1

Das erworbene Haus wurde 1991 fertiggestellt. Der Verkauf bzw. der Erwerb erfolgt im Jahre 1996. Bevor der Erwerber einzieht, baut er energiesparende Anlagen ein. Der Erwerber erhält 2 Prozent der Einbaukosten, maximal 500,– DM.

In diesem Falle spielt es keine Rolle, dass ein Altbau erworben wurde, weil die Einbauten vor Einzug erfolgten und sich nicht im Kaufpreis niedergeschlagen haben.

Fall 2

Beim gleichen Sachverhalt wie in Fall 1 erfolgt der Einbau der energiesparenden Anlagen jedoch erst nach dem Einzug des Erwerbers. Eine Förderung ist nicht möglich, weil der Einbau nicht vor dem Bezug des Altbaus erfolgte.

Fall 3

Wie in Fall 1 hat jedoch der Verkäufer die energiesparenden Maßnahmen vorgenommen. Eine Begünstigung für den Käufer ist nicht möglich. Der Einbau ist nicht innerhalb von zwei Jahren nach der Fertigstellung erfolgt.

Fall 4

Das Haus ist im Jahre 1994 fertiggestellt worden. 1996 wird es verkauft. Vor dem Verkauf hat der Verkäufer die energiesparenden Maßnahmen durchgeführt. In diesem Fall hätte der Käufer einen Neubau erworben und erhält damit wiederum auch die Öko-Zulage, wenn er die Grundförderung der Eigenheimzulage erhält.

Tipp: Auch bei der Öko-Zulage ist auf das Datum der Fertigstellung und auf das Datum des Einbaus zu achten. Die Förderung einer nachträglichen Maßnahme ist aber noch bis Ende 1998 möglich.

Häuser mit geringem Heizwärmebedarf werden zusätzlich mit einem Betrag von 400,– DM pro Jahr gefördert. Voraussetzung ist allerdings, dass das Eigenheim den Wert der neuen Wärmeschutzverordnung vom 16.8.1994 um 25 Prozent unterschreitet. Nicht förderungswürdig sind mit dieser Zulage Alt- und Anbauten. Außerdem muss die Baumaßnahme vor dem 1.1.1999 fertiggestellt sein.

Die Vorkosten-Förderung nach § 10 i EStG

Vorkosten werden progressionsabhängig gefördert. Die Vorkosten können also vom zu versteuernden Einkommen abgesetzt werden und mindern so die Steuerschuld. Deshalb ist diese Förderungsart auch nicht im EigZulG, sondern im Einkommensteuergesetz (EStG) geregelt. Man muss bei den Vorkosten wieder zwei Arten unterscheiden, nämlich

1. die Vorkostenpauschale und
2. die Abzugsfähigkeit von Erhaltungsaufwendungen.

Die Vorkostenpauschale umfasst alle Kosten, die nicht zum Erhaltungsaufwand zählen. Das sind insbesondere die Notar- und Anwaltskosten, die Steuerberaterkosten usw. Diese Pauschale wird ohne Nachweis gewährt, ist jedoch von der Eigenheimzulage abhängig. Ohne Gewährung der Eigenheimzulage wird die Pauschale also nicht gewährt. Sie beträgt ohne Nachweis 3.500,– DM. Höhere Vorkosten bleiben also unberücksichtigt.

Der Erhaltungsaufwand kommt nur bei Altbauten in Betracht und beträgt maximal 22.500,– DM. Dabei handelt es sich z. B. um Reparatur- oder Renovierungskosten. Diese Kosten müssen entweder bis zum erstmaligen Einzug des Erwerbers oder spätestens bis zum Ablauf des auf die Anschaffung folgenden Jahres entstanden sein. Der Erhaltungsaufwand muss im einzelnen nachgewiesen werden und vermindert die Steuerschuld des Erwerbers. Anders als die Vorkostenpauschale ist der steuerliche Abzug der Erhaltungskosten nicht von der Eigenheimzulage abhängig.

Tipp: Die Abgrenzung Pauschale – Erhaltungsaufwand ist oft schwierig. Insoweit sollte also ein Steuerberater befragt werden. Nach dem Erwerb eines Hauses empfiehlt sich ohnehin mindestens für das Anschaffungsjahr einen Steuerberater zu beauftragen. Im Folgejahr kann man dann oft die Steuererklärung wieder selbst erstellen.

Sonstige Förderungsarten

Neben den oben genannten Förderungsarten gibt es für bestimmte Personengruppen weitere Förderungsmöglichkeiten. Auch das Wohnungsbauförderungsgesetz (WBauG) eröffnet regional unterschiedlich viele weitere Förderungswege.

Die verschiedenen Förderwege sind insbesondere in den §§ 88 ff. WBauG geregelt und verfolgen das Ziel, vor allem kinderreiche Familien, Schwerbehinderte, Alleinerziehende und auch ältere Menschen unter bestimmten Voraussetzungen zu Wohneigentum zu verhelfen. In der Regel sind diese Förderungsmaßnahmen aber von der Wohungsgröße und dem Einkommen des Antragstellers abhängig.

Im Prinzip basieren die verschiedenen Förderungsmöglichkeiten auf Bundesgesetzen, wie z. B. dem Wohnungsbauförderungsgesetz. Die konkrete Umsetzung liegt aber in der Kompetenz der einzelnen Bundesländer. Selbst die Kommunen können Förderungsmittel vergeben.

In Baden-Württemberg kann man andere Programme in Anspruch nehmen als in Bremen, und in Hessen gelten andere Förderrichtlinien als in Hamburg. Je nach Wohnungsbestand, regionaler Tradition und politischem Wollen der jeweiligen Landesregierungen setzen diese Förderprogramme unterschiedliche Gewichte; so hat das Land Hessen z. B. ein Programm zur Förderung des „generationenverbundenen Wohnens“ aufgelegt.

Allen unterschiedlichen Fördermöglichkeiten ist aber eigen, dass sie nur so lange in Anspruch genommen werden können, so lange die bereitgestellten Mittel reichen. Sind die Fördertöpfe leer, kann auch nichts mehr gefördert werden – eine Situation, die angesichts überbeanspruchter öffentlicher Haushalte leider nicht selten eintreten wird. Jedem Hauskäufer ist daher dringend davon abzuraten, die öffentliche Förderung von vornherein in seine Kalkulation einzubeziehen. Ein Rechtsanspruch auf diese öffentlichen Beihilfen besteht nämlich nicht.

In einem Ratgeber können sämtliche anderen Förderungsarten gar nicht umfassend dargestellt werden. Es empfiehlt sich daher, konkret beim Bauamt oder bei der zuständigen Gemeinde nachzufragen. Aber auch ein Steuerberater kennt in aller Regel alle Förderungsarten. Eine Nachfrage lohnt sich besonders in den neuen Bundesländern.

Tipp: Wer sich umfassend über die Förderungsmöglichkeiten informieren will, sollte zunächst bei seiner Gemeinde/Stadt vorstellig werden und sich dort kostenlos beraten lassen.
Seriösen Rat erhält man auch bei seiner Bank/Sparkasse, einem Steuerberater oder einem Rechtsanwalt bzw. einem Notar.
Vorsicht ist bei Finanzierungsberatern geboten. Diese Leute leben von Provisionen und sind eher an einer provisionsträchtigen als an einer verbraucherfreundlichen Finanzierung interessiert. Mit Förderungsmitteln wird oftmals die Finanzierung „schöngerechnet". Das kann zu teuren Nach- oder Zwischenfinanzierungen führen.

Anhang

Checkliste – Hauskauf

1. Die Lage

1. Größe des Grundstücks
   a) Ausreichend Platz für die Familie.
   Wichtig insbesondere dann, wenn Kinder vorhanden oder zu erwarten sind.
   b) Genügend Zeit zur Grundstückspflege.
   Nutzgärten machen nicht nur Spaß, sondern auch Arbeit. Das Rasenmähen kann zum Fluch werden.

2. Umfeld
   a) Altbaugebiet
   Möglicherweise bestehen Baulücken. Andererseits kann man sich schon ein Bild von den Nachbarn machen. Mit denen muss man sehr lange auskommen. Sie selbst sind die „Neuen".
   b) Neubaugebiet
      1. Nachbargrundstück schon bebaut.
      Je mehr Nachbargrundstücke schon bebaut sind, desto kürzer sind die Beeinträchtigungen durch Bautätigkeiten.
      2. Wie wird Nachbargrundstück bebaut?
      Das schönste Haus nützt wenig, wenn der Nachbar später ein Hochhaus errichtet. Bei der Gemeinde kann man den Bebauungsplan einsehen.
   c) reines Wohngebiet
   Reine Wohngebiete sind oft Gettos.

d) Industriegebiet in der Nähe
   1. Geruchsbelästigung
   2. Lärmbelästigung
   3. Verkehrsbeeinträchtigung
e) Hochwassergebiet
   Überschwemmungen bringen nicht nur Nässe, sondern auch Schlamm.

3. Infrastruktur
   a) Fahrstrecke zur Arbeit
   b) Schulweg
   c) Einkaufsmöglichkeiten
   d) öffentliche Verkehrsmittel
   e) Freizeitwert

II. Bauzustand des Hauses

1. Neubau
   a) Baujahr (Förderungsmittel?)
   b) Restarbeiten
   c) Baumängel

2. Altbau
   a) Bausubstanz
   b) Baumängel
   c) Renovierungsbedarf
   d) Denkmalschutzvorschriften

3. Ist das Objekt vermietet?
   Kauf bricht nicht Miete. Wann wird das Objekt frei?

III. Verkäufer

Sicherheit bringt nur der Blick in das Grundbuch.

1. Einzelperson
   Eventuell müssen Dritte dem Verkauf zustimmen.

2. Ehepaar
   Wenn Ehepaare zerstritten sind, in Trennung leben oder bereits geschieden sind, gibt es sehr oft Probleme.

3. Gesellschaft
   In aller Regel muß ein Gesellschafterbeschluss für den Verkauf vorliegen. Vor der Beschlussfassung sollte man keinerlei Investitionen machen.

4. Jur. Person des öffentlichen Rechts
   In aller Regel müssen mehrere Genehmigungen vorliegen. Das kann sehr lange dauern.

IV. Kaufpreis des Objektes

1. Angemessenheit prüfen.
   Angaben eines Maklers sind immer mit Vorsicht zu betrachten. Auf der zuständigen Gemeinde erfährt man die ortsüblichen Preise. Verkaufs-Inserate der Zeitungen helfen oft auch schon bei der Preisfindung.

2. Sind Grundpfandrechte abzulösen?
   Wenn ja, unbedingt mit der Bank/Sparkasse darüber sprechen.

3. Finanzierung sicherstellen.

V. Vertragsverhandlungen

1. Keine mündlichen Nebenabreden treffen
   Mündliche Nebenabreden sind in aller Regel unwirksam, weil Grundstücksverträge notariell beurkundet werden müssen.

2. Bestehen vertragliche Vorkaufsrechte?
   Wenn ja, müssen sie aus dem Grundbuch ersichtlich sein. Nichteingetragene (vertragliche) Vorkaufsrechte wirken nur gegenüber dem Verkäufer. Bei Eigentumswohnungen kann allerdings der Mieter ein nicht eingetragenes Vorkaufsrecht haben. Um die gesetzlichen Vorkaufsrechte kümmert sich der Notar.

3. Jeden schriftlichen Vertrag zu Hause in Ruhe prüfen.
   Es ist keine Schande, sondern zeugt von Cleverness, wenn man solch wichtigen Dinge ganz in Ruhe prüft. Wenn der andere Vertragspartner auf der sofortigen Unterzeichnung besteht, sollte man ohnehin Abstand von diesem Geschäft nehmen.
4. Bei Zweifeln fachmännischen Rat einholen.
   Echten fachmännischen Rat gibt es beim Notar, dem eigenen Rechtsanwalt oder bei den Gemeinden (Bauämtern usw.).

Glossar

Akzessorietät – Es handelt sich – frei übersetzt – um eine Anlehnung oder Abhängigkeit. Insbesondere eine Hypothek ist akzessorisch. Die Entstehung, die Übertragung und der Bestand der Hypothek ist unbedingt von dem Vorhandensein einer gesicherten Forderung abhängig. Es gibt also keine Hypothek ohne eine bestehende Darlehensforderung.

Annuität – Jahresbetrag, der für Zins und Tilgung eines Darlehens vom Schuldner zu zahlen ist. Man unterscheidet die konstante Annuität, bei der die Zinslast abnimmt und die Tilgungsrate zunimmt und der variablen Annuität, bei der die Tilgungsrate gleichbleibt und somit die Zinslast sinkt.

Auflassung – Einigung des Veräußerers und des Erwerbers eines Grundstücks bei gleichzeitiger Anwesenheit beider Teile. Für die Übertragung eines Grundstücks ist die Auflassung nach § 925 BGB erforderlich.

Auflassungsvormerkung – Die Eintragung der Vormerkung erfolgt auf Antrag und durch Bewilligung des Betroffenen. Sie wird meist mit Abschluss des notariellen Kaufvertrages vom Verkäufer bewilligt. Die Vormerkung als solche sperrt das Grundbuch nicht. Nach Eintragung der Vormerkung ist jedoch eine Verfügung über das durch die Vormerkung gesicherte Recht dem Vormerkungsberechtigten gegenüber unwirksam (§ 883 Abs.II BGB).

Avalkredit – Es ist eine Sonderform des Kreditgeschäfts. Die Bank/Sparkasse haftet bei einem Avalkredit für die Verbindlichkeiten des Kunden.

Bauhandwerkersicherungshypothek – Der Bauunternehmer kann für seine Werklohnforderung aus dem „Bauvertrag" vom Besteller die Einräumung einer Sicherungshypothek (Bauhandwerkersicherungshypothek) verlangen (§ 648 BGB). In der Praxis wird diese Vormerkung meist auf Grund einer einstweiligen Verfügung erreicht.

Beleihungswert – von der Bank/Sparkasse (also dem Kreditgeber) festgesetzte Wert eines zu beleihenden Grundstücks. In der Regel ist er niedriger als der eigentliche Verkehrswert. Außerdem wird noch ein Sicherheitsabschlag berücksichtigt.

beschränkte persönliche Dienstbarkeit – im Unterschied zur Grunddienstbarkeit dadurch gekennzeichnet, dass die Belastung eines Grundstücks nicht zugunsten eines Eigentümers eines bestimmten Grundstücks, sondern zugunsten einer bestimmten Person besteht (§ 1090 BGB).

Besitz – die tatsächliche Herrschaft einer Person über eine Sache. Anders als beim Eigentum ist dem Besitzer die Sache nicht rechtlich zugeordnet. Es gibt lediglich eine tatsächliche Beziehung zwischen Person und Sache.

Bestandteile – Bestandteile einer Sache sind solche, die nur durch Zerstörung des einen oder anderen Teils der Sache oder durch Veränderung ihres Wesens von der Sache getrennt werden können. Man nennt solche Bestandteile auch *wesentliche Bestandteile*.

Bürgschaft – ein einseitig verpflichtender Vertrag, durch den sich der Bürge gegenüber dem Gläubiger eines Dritten verpflichtet, für die Erfüllung der Verbindlichkeit des Dritten einzustehen. Der Bürgschaftsvertrag bedarf der Schriftform. Die Bürgschaftsschuld ist vom Bestehen der Hauptschuld des Dritten abhängig. Dem Bürgen stehen alle Einreden des Hauptschuldners ebenfalls zu. Am wichtigsten ist die Einrede des Bürgen ist die der *Vorausklage* gemäß § 771 BGB. Wenn der Bürge die Forderung des Gläubigers befriedigt hat, geht die Forderung des Gläubigers an den Dritten auf den Bürgen über. Bei der *gewöhnlichen Bürgschaft* hat der Bürge die Einrede der Vorausklage. Er kann also die Leistung an den Dritten solange verweigern, wie der Dritte nicht erfolglos gegen den eigentlichen Schuldner vollstreckt hat. Die *selbstschuldnerische Bürgschaft* hat zur Folge, dass der Bürge von Anfang an haftet. Er hat nicht die Einrede der Vorausklage. Bei der *Ausfallbürgschaft* kann der Bürge nur dann in Anspruch genommen werden, wenn der Gläubiger nach Ausschöpfung aller Zwangsvollstreckungsmaßnahmen beim Schuldner seinen endgültigen Forderungsausfall nachweist.

Darlehen – Auf Grund eines Darlehensvertrages ist der Darlehensnehmer, der Geld oder andere vertretbare Sachen darlehensweise erhalten hat, verpflichtet, Sachen von gleicher Art, Güte und Menge zurückzugeben.

Dienstbarkeit – Es sind dingliche Nutzungsrechte an Grundstücken. Dadurch unterscheiden sie sich von den schuldrechtlichen „Nutzungsrechten“ wie Miete oder Pacht. Dienstbarkeiten werden durch Einigung und Eintragung bestellt und im Grundbuch in Abt. II eingetragen.

Disagio – die Differenz zwischen der Darlehenssumme und dem Auszahlungsbetrag. Bei Hypothekenkrediten spricht man richtiger vom Damnum.

Effektivzins (effektiver Jahreszins) – die in einem Prozentsatz vom Nettokreditbetrag oder des Barzahlungspreises anzugebende Gesamtbelastung pro Jahr. Er wird nach der Preisangabenverordnung ermittelt und muss alle pro Jahr anfallenden Zinsen, Kosten und Versicherungen enthalten. Bei Krediten mit veränderlichen Zahlungsbedingungen wird er als anfänglicher effektiver Jahreszins ausgewiesen.

Eigentum – das umfassende Recht, mit einer Sache nach Belieben zu verfahren. Im BGB wird nur das Eigentum im privatrechtlichen Sinne behandelt. So kann der Eigentümer einer Sache nach Belieben mit der Sache verfahren, wenn nicht gesetzliche Vorschriften oder Rechte Dritter entgegenstehen.

Einheitswert – Es ist der Wert, der vom Finanzamt für die Bemessung der Grundsteuer festgesetzt wird. Das Finanzamt legt die wirtschaftliche Einheit des Grundstücks zu Grunde.

Erbbaugrundbuch – Für das Erbbaurecht gibt es ein gesondertes Grundbuchblatt, das Erbbaugrundbuch.

Erbbaurecht – stärkste Belastung eines Grundstücks, weil der Eigentümer den Besitz und das Nutzungsrecht verliert. Ein Erbbaurecht – mit Zustimmung des Eigentümers veräußerlich und vererbbar – wird meist nur auf eine bestimmte Zeit begründet; bei unbefristetem Bestehen verlöre das Eigentum seinen Zweck.

Fristen – Eine Frist ist ein abgegrenzter bestimmter oder bestimmbarer Zeitraum, in dem etwas passiert oder passieren muss. Bei den gesetzlichen Fristen gelten im Prinzip wegen der Rechtseinheit die Fristen des BGB auch für die anderen Rechtsgebiete. Man unterscheidet Tages-, Wochen- und Monatsfristen.

Gefahrübergang – Dieser Begriff aus dem Kaufvertragsrecht ist auch auf den Grundstückskauf anzuwenden. Das BGB bestimmt dazu in § 446, dass mit „der Übergabe der verkauften Sache" zugleich auch „die Gefahr des zufälligen Untergangs und einer zufälligen Verschlechterung auf den Käufer" übergeht. Der Moment der Übergabe wird je nach Kaufvertrag und verkaufter Sache unterschiedlich definiert. Bei einem Grundstückskauf tritt der Gefahrübergang mit der Eintragung des neuen Eigentümers in das Grundbuch ein.

Gemeinschaft – Steht ein Recht mehreren gemeinschaftlich zu, so ist in der Regel eine Gemeinschaft nach Bruchteilen *(Bruchteilsgemeinschaft)* gegeben. Die Verwaltung der gemeinsamen Gegenstände erfolgt gemeinsam. Die Aufhebung der Gemeinschaft kann jederzeit verlangt werden. Die Teilung erfolgt in Natur, also durch einen tatsächlichen Akt oder wenn dies nicht möglich ist, durch Verkauf.

Gesamtgläubiger – Jeder Gläubiger kann die Leistung fordern, obwohl der Schuldner nur einmal zu leisten braucht. Der Schuldner kann befreiend an einen der Gesamtgläubiger leisten.

Gesamthandsgläubiger – Jeder Gläubiger kann nur die Leistung an alle Gläubiger gemeinsam fordern. Der Schuldner darf auch nur an alle Gläubiger gemeinsam leisten. Die Miterben sind der typische Fall. Miterben können nur gemeinsam etwas von einem Schuldner fordern.

Gesamthandsschuldner – Sie haften gemeinschaftlich und der Gläubiger kann die Leistung auch nur von allen gemeinsam fordern. Ein ganz typischer Fall ist die ungeteilte Erbengemeinschaft.

Gesamtschuldner – Schuldner, die gemeinsam eine Leistung schulden. Jeder haftet dabei für die ganze Schuld auch so lange allein, bis die Schuld getilgt ist. Der Gläubiger kann sich also auch nur an einen Schuldner halten.

Geschäftsfähigkeit – die Fähigkeit, Rechtsgeschäfte selbstständig und vollwirksam vorzunehmen. Der Gesetzgeber geht davon aus, dass grundsätzlich alle Menschen geschäftsfähig sind und dass mit Eintritt der Volljährigkeit die uneingeschränkte Geschäftsfähigkeit gegeben ist.

Grundbuch – Im Grundbuch sind die Grundstücke unter einer Blattbezeichnung eingetragen. Die Führung der Grundbücher ist den Grundbuchämtern übertragen. Für jedes Grundstück wird ein besonderes Grundbuch in Form eines Grundbuchblattes angelegt. Das Grundbuch dient im Interesse des Rechtsverkehrs der Offenlegung der Rechtsverhältnisse an einem Grundstück und genießt öffentlichen Glauben. Es ist nicht nur der Eigentümer sondern auch die Belastungen eines Grundstücks registriert. In Baden-Württemberg besteht in jeder Gemeinde ein staatliches Grundbuchamt, das von einem im Landesdienst stehenden Notar geführt wird.

Grunddienstbarkeit – Bei einer Grunddienstbarkeit stehen sich immer zwei Grundstücke gegenüber, nämlich einmal das belastete (das „dienende“) und zum anderen das, zu dessen Gunsten die Belastung besteht (das „herrschende“) Grundstück.

Grunderwerbsteuer – Sie fällt immer beim Erwerb eines Grundstücks an und beträgt zur Zeit 3,5 Prozent. Die Eigentumsumschreibung im Grundbuch erfolgt nur, wenn die Grunderwerbsteuer gezahlt ist.

Grundschuld – Bei der Grundschuld handelt es sich um die Belastung eines Grundstücks derart, dass an denjenigen, zu dessen Gunsten die Belastung erfolgt, eine bestimmte Geldsumme aus dem Grundstück zu zahlen ist. Die Grundschuld ist also eine abstrakte Belastung des Grundstücks und nicht wie die Hypothek vom Bestand der Forderung abhängig. Sie ist also nicht akzessorisch.

Grundstück – Bei einem Grundstück handelt es sich um einen räumlich abgegrenzten Teil der Erdoberfläche, der im Bestandsverzeichnis des entsprechenden Grundbuches unter einem Grundbuchblatt und einer Blattnummer registriert ist. Das Flurstück oder die Katasterparzelle ist lediglich ein vermessungstechnischer Begriff.

Hypothek – Bei einer Hypothek wird das Grundstück derart belastet, dass aus dem Grundstück an den Berechtigten eine Geldsumme zur Befriedigung seiner Forderung zu zahlen ist. Die Hypothek ist akzessorisch (→ Akzessorietät). Der Bestand der Hypothek ist also vom Bestand der Forderung abhängig. Deshalb können auch der Hypothekengläubiger und der Gläubiger der Forderung niemals zwei verschiedene Personen sein.

Hypothekenbanken – Private Spezialbanken, die langfristige Kredite insbesondere gegen Grundpfandrechte (Hypotheken oder Grundschulden) vergeben.

juristische Personen – Personenvereinigungen und Vermögensmassen, die zu einem bestimmten Zweck gebildet wurden und wie natürliche Personen Rechte und Pflichten haben. Der Gesetzgeber des BGB kennt eigentlich nur den Verein und die Stiftung als juristische Personen.

juristische Personen des öffentlichen Rechts – die Unternehmen des Staates oder der Gebietskörperschaften. Solche Unternehmen müssen nicht in das Handelsregister eingetragen werden. Gleichwohl haben sie die Kaufmannseigenschaft.

Leibrente – ein Vertrag, auf Grund dessen der Verpflichtete dem Gläubiger im Zweifel auf Lebenszeit eine wiederkehrende Leistung in Geld oder anderer vertretbarer Sachen zu leisten hat.

Mäklervertrag – ein gegenseitiger Vertrag. Das Wesen dieses Vertrages ist es, dass jemand einen Mäklerlohn entweder für den Nachweis der Gelegenheit zum Abschluss eines Vertrages (Nachweismäkler) oder für die Vermittlung eines Vertrages (Vermittlungsmäkler) verspricht.

natürliche Person – Alle Menschen, egal wie alt sie sind und welches Geschlecht sie haben, sind natürliche Personen. Die Rechtsfähigkeit eines Menschen beginnt mit der Geburt und endet mit dem Tode.

Notweg – Nach § 917 BGB steht dem Grundstückseigentümer, dessen Grundstück keine Verbindung zu einer öffentlichen Straße hat, ein Notwegerecht zu. Auf Grund dieses Notwegerechts darf er ein Nachbargrundstück zur Erreichung der öffentlichen Straße überqueren.

Reallast – Bei einer Reallast wird ein Grundstück derart belastet, dass aus dem Grundstück an den Berechtigten wiederkehrende Leistungen zu erbringen sind. Sie verleiht kein unmittelbares Nutzungsrecht des Grundstücks. Das Grundstück haftet aber für die Erbringung der Leistung durch den Eigentümer. Der häufigste Anwendungsbereich ist das Altenteil.

Rentenschuld – eine Art Grundschuld, die sich jedoch von dieser dadurch unterscheidet, dass aus dem Grundstück nicht ein einmaliger Betrag zu zahlen ist, sondern wiederkehrende Leistungen.

Sachen – die körperlichen Gegenstände. Die unbeweglichen Sachen sind die Grundstücke und alles was mit diesen fest verbunden ist. Also nicht nur die Erdoberfläche sondern z. B. auch die darauf stehenden Gebäude oder Bäume. Zu den beweglichen Sachen gehören all diejenigen, die kein Grundstück sind, also die man irgendwie bewegen kann.

Schadensersatz – Es handelt sich um den Ausgleich des einer Person entstandenen Schadens. Die Schadensersatzpflicht kann sich aus Vertrag oder aus dem Gesetz (z. B. als Gewährleistungsanspruch) ergeben.

Schenkung – ein Vertrag und nicht etwa ein einseitiges Rechtsgeschäft. Es müssen nämlich beide Parteien darüber einig sein, dass die Zuwendung unentgeltlich erfolgt.

Schuldnerverzug – eine Leistungsstörung auf Seiten des Schuldners. Ein Schuldner kommt dann in Verzug, wenn er nach einer Mahnung des Gläubigers schuldhaft nicht leistet, obwohl die Leistung fällig ist. Die Folge ist, dass der Schuldner dem Gläubiger Schadensersatz zu leisten hat.

Überbau – Überbaut der Eigentümer eines Grundstücks weder vorsätzlich noch fahrlässig die Grenze zum Nachbargrundstück, so hat der Nachbar den Überbau zu dulden und ist mit einer Geldrente zu entschädigen, es sei denn, er hat sofort nach der Grenzüberschreitung widersprochen.

Vertrag – Vorliegen zweier übereinstimmender Willenserklärungen. Der eine Vertragspartner macht einen Antrag (ein Angebot) und der andere Vertragspartner nimmt den Antrag an. Seine Erklärung nennt man die Annahme.

Vollmacht – Die Erteilung der Vertretungsmacht nennt man Vollmacht. Die Vollmachtserteilung kann entweder gegenüber dem Vertreter oder gegenüber dem anderen Geschäftspartner erfolgen. Im ersten Fall spricht man von einer Innenvollmacht. Im anderen Fall handelt es sich um eine Außenvollmacht.

Vorkauf – Man unterscheidet zwischen dem vertraglichen Vorkaufsrecht und dem gesetzlichen Vorkaufsrecht; z. B. hat die Gemeinde ein Vorkaufsrecht bei Grundstücken oder der Miterbe beim Verkauf eines Miterbanteils.

Vormerkung – Sie sichert den schuldrechtlichen Anspruch auf die Einräumung oder die Aufhebung eines Rechts an einem Grundstück. Die Eintragung einer Vormerkung ist auch zur Sicherung eines künftigen oder eines bedingten Anspruchs zulässig. Die Vormerkung als solche sperrt das Grundbuch nicht. Nach Eintragung der Vormerkung ist jedoch eine Verfügung über das durch die Vormerkung gesicherte Recht dem Vormerkungsberechtigten gegenüber unwirksam.

Wandelung – die Rückgängigmachung des Kauf- bzw. Werkvertrages. Jeder Vertragsteil hat die bereits erhaltenen Leistungen dem anderen zurückzugewähren.

Werklieferungsvertrag – Davon spricht man dann, wenn der Unternehmer das Werk aus einem von ihm zu beschaffenden Stoff herzustellen und dem Besteller zu übereignen hat.

Werkvertrag – ein entgeltlicher gegenseitiger Vertrag. Er ist formfrei. Der Unternehmer (auch Hersteller genannt) verpflichtet sich beim Werkvertrag zur Herstellung eines bestimmten Werkes (z. B. die Herstellung eines Möbels). Der Besteller (auch Kunde genannt) ist verpflichtet, die Vergütung (auch Werklohn genannt) zu zahlen.

Zubehör – bewegliche Sachen, die aber wirtschaftlich der Hauptsache dienen und zu ihr in einem räumlichen Verhältnis stehen.

Zustimmung – Es gibt Rechtsgeschäfte, die von der Zustimmung eines Dritten abhängig sind. Die vorherige Zustimmung nennt man Einwilligung. Um eine Genehmigung handelt es sich bei der nachträglichen Zustimmung.

Zwangshypothek – eine der drei Arten der Zwangsvollstreckung in ein Grundstück. Eine solche Sicherungshypothek wird auf Antrag des Gläubigers in das Grundbuch auf dem Grundstück des Schuldners eingetragen.

Zwangsversteigerung – die wichtigste der drei Arten der Zwangsvollstreckung in ein Grundstück. Das Zwangsversteigerungsverfahren findet vor dem Amtsgericht statt. In dem Versteigerungstermin wird das Grundstück meistbietend versteigert. Der Ersteigerer erwirbt mit dem Zuschlagsbeschluss des Gerichts das Eigentum an dem versteigerten Grundstück.

Zwangsverwaltung – eine der drei Arten der Zwangsvollstreckung in ein Grundstück. Der Zwangsverwalter, der vom Vollstreckungsgericht bestellt wird, nimmt das Grundstück in Besitz und verwaltet es.

Register